A simple message to the world

정오의 그림자

손 정 숙 신앙 수필집

도서출판 진실한 사람들

만남의 섭리

만남이 삶의 방향과 목표를 바꿀 수 있다는 것은 널리 알려진 상식입니다.

지난 생애의 굴곡마다 맞닥뜨린 여러 만남이 하나의 큰 만남을 향한 작은 디딤돌이었다는 새로운 깨달음은 놀라움을 넘어 신비스럽기까지 합니다.

여기 엮어진 글들은 머리로 만나 지혜로워지고, 가슴으로 만나 감동하며, 영으로 만나 참 진리 앞에 겸손을 얻게 한 순간들의 기록에 불과합니다. 학술적으로 비평을 받을 만한 글이기 보다는 대화의 소재라는 것이 옳습니다.

전형적인 선비집안에서 태어나 처음으로 '예수'를 알게 된 것은 '아현초등학교'에서였습니다. 함경도에서 월남하여 전학해 온 내 짝이 목사님 딸이었습니다. 정신여중 교목 주(朱) 목사님은 생애 첫 목사님이시고 친구 따라 주일학교를 열심히 다녔습니다.

중학생 된 기쁨을 다 익히기도 전에 6·25사변이 발발했고 1·4후퇴가 있었습니다. 어머니와 우리 자매들만 전북 정읍(당시 '이리')으로 피난을 가 한 장로님 댁에 세 들게 되었습니다. 읽을거리가 없어 무료하던 나는 사랑채 서재 책장에서 무심히 책 한 권을 뽑았습니다. 비교적 한문이 적고 읽기 쉬웠지만 두꺼운 정장의 아주 무거운 책이었습니다.

'구약성서강해전집' 이야기책을 읽듯 정말 재미있게 단숨에 읽었습니다. 머릿속에 39권의 이야기책이 기록된 듯, 아마 당시 구약성서를 나만치 잘 아는 아이는 없었을 것입니다.

이화여고 일학년 때 교목으로부터 세례를 받았습니다. 서울대학교 사대 졸업 후 첫 임지는 '신광여자고등학교', 다음해 '서울여자대학'에 부임하게 되었습니다. 신기하게도 모두 기독교학교(Mission School)를 거치게 되었습니다.

캐나다에 왔을 때 '세실 커크'(Cecil Kirk) 목사님이 대학

촌에 교회를 개척하고 교회로 인도하였습니다. 서울대학교 석사실력으로도 알아듣지 못하던 영어 설교를 목사님의 도움으로 마침내 한국인으로서는 처음인 여자장로가 되었습니다.

한 집회 장소에서 Richard DeHaan 목사를 만나 '오늘의 양식' 책자발행을 시도하게 되었고 '캐나다한인문서선교회'의 태동을 보게 되었던 것입니다. 단발머리 목사 딸을 만나게 하신 그 분은 오늘의 나를 담은 큰 화폭을 가지고 계셨음을 돌아봅니다.

일생에 단 한 권 만남의 행적을 엮어보고 싶은 마음에 급히 원고를 모아들고 나왔습니다.

출판사 편집국장에 목사 사모인 문우를 따라 사택에 들어서다 올려다 본 교회이름 '만남교회'였습니다. 오늘의 만남은 내일의 역사를 위한 예비인줄 누가 알았겠습니까.

2014년 6월 손 정 숙

차례

1부 하늘에 내린 닻

2부 가장 안전한 곳

3부 담 너머 풍경

4부 산에서 내려오는 길

5부 베들레헴의 닭 울음소리

1부

하늘에 내린 닻

초콜릿 한 개

정오의 그림자

작은 교회

이름 모를 꽃

페트라

아이성에서

엉겅퀴와 선교사

교회를 세우는 자 되어

애양목신학교

하늘에 내린 닻

지난 가을 우리가 스코틀랜드의 '번트아일랜드 교회'(Burntisland Parish Church)를 방문할 수 있었던 것은 정말 예기치 못한 행운이었습니다.

선교사 댁 응접실에 나 혼자로는 들기도 수월찮은 아주 크고 두텁고 무거운 성경책 한 권이 있어서 책갈피를 넘겨보다가 종이쪽지 하나를 발견한 것이 단서였습니다.

킹 제임스 성경(King James (VI) Bible)이 태동된 이 교회의 연락처를 알아내는데 나는 꼬박 이틀간의 컴퓨터 검색이 필요했습니다.

지난 24년간, 킹 제임스 성경을 기간으로 신앙생활의 지도서가 되는 '오늘의 양식' 소책자를 보급하면서 캐나다 한인문서선교회에 종사하여온 나는 이 교회가 보고 싶었습니다.

특별 방문객인 우리를 친절하게 안내해 준 분은 93세의 장로 부부였습니다. 아직도 정정하신 이들 노부부는 일반 공개기간이 지난 때에 방문한 우리를 위해 자택 정원에서 꺾은 한 아름 꽃으로 아름다운 꽃다발을 만들어 안겨 주었습니다.

'번트아일랜드 교회'는 1592년, 스코틀랜드에 개혁교회가 들어온 초기에 설립된 교회로 바다가 내려다보이는 언덕 위에 사각형으로 지어진 것이 특색이었습니다.

네모난 성전 중앙에 성경과 성찬 테이블이 있고 그 주위 사면으로 좌석이 배열돼 있었습니다. 18세기 초까지만 해도 성도들은 자기 좌석을 직접 가지고 오거나 자비로 만들어 놓았다고 합니다. 400여 년이 지난 오늘까지 제각각의 가문이나, 직업별, 조합원 등의 문장이 뚜렷하게 새겨진 의자를 볼 수 있는 곳은 이 교회가 유일하다고 합니다. 뒤 벽면에는 직업과 관계되는 그림, 기호들로 다채롭고, 풍랑을 만나 대피했던 선원들이 감사의 답례로 기증한 배 모형들도 흥미로웠습니다. 이층은 전부 지방의회 의원들의 좌석이었습니다.

1601년 스코틀랜드 장로교 총회가 '번트아일랜드 교회'에서 열렸습니다. 킹 제임스(King James VI)도 친히 참석한 가운데 성경의 새로운 번역에 대한 필요성이 제기되고 개역사업이 시작되었습니다.

1603년에 영국 왕위까지 계승하게 된 제임스(1세) 왕은 1604년 개역사업을 영국으로 옮겨 더욱 박차를 가한 결과 드디어 1611년 왕의 재가에 의하여 편집된 흠정영역 성경(King

James Version Bible)을 출판하게 된 것입니다. 실로 장장 10년간의 대작업이었습니다. 100여 년 전, 존 로스(John Ross)가 중국에서 이 성경을 한글로 번역하여 쪽 복음을 만들어 한국에 복음의 씨를 뿌렸다고 합니다.

성경 번역은 단순한 문장의 번역이 아니어서 한 줄 번역하고 기도하고, 또 한 줄 번역하고 묵상했다는 설명을 들으면서 우리가 얼마나 큰 빚을 진 자들인지 다시금 되새겼습니다.

그러나 그처럼 반석 같던 스코틀랜드의 많은 교회들이 문을 닫고 혹은 팔려간다고 합니다.

이번에 창립예배를 드린 스트란라 (Stranlar)장로교회는 450여 년 된 교회인데 술집카페로 팔려갈 직전에 믿음으로 건져낸 교회인 것입니다. 이런 슬픈 현실 가운데서도 이 교회가 튼튼히 설 수 있었던 원인은 어디에 있을까? 두리번거리다 참 이상한 것을 발견하였습니다.

육중한 철 대문에 붙여 놓은 철제 닻이 뾰족한 밑 부분을 위로 향하고 내려져 있었습니다.

'그것은 바다의 사람들이 그들의 신앙은 땅에 있는 물질적인 것에 닻을 내린 것이 아니라 하늘에 계신 하나님께 닻을 내린 믿음이라는 신앙고백의 상징'이라고 설명하는 노 장로님의 얼굴은 붉게 상기되어 있었습니다. 그러고 보니 현관 문

위에도, 건물 밖 흙벽은 물론, 성전 안에 있는 배의 그림이나 기호에 나타난 닻은 모두가 하늘을 향해서 내려 있었습니다.

킹 제임스 성경이 태동한 교회, 말씀과 성찬을 중심으로 성도들은 동서남북 사면 어느 곳에 앉던지 평등한 한가족이라 웅변하는 교회, 그리고도 신앙의 닻을 하늘에 내렸다는 번트 아일랜드 교회를 나오면서 내 신앙의 닻은 어디에 내려졌는지 돌아보았습니다.

'너희가 하나님과 재물을 겸하여 섬기지 못하느니라' (마 6:24)

초콜릿 한 개

햇볕마저 온기를 잃은 듯 으스스한 한기를 느끼며 우리는 바쁘게 그곳을 나왔습니다. 밖에는 화단 가득 무리 지어 앉아 있는 팬지꽃들 위에 5월의 밝은 태양이 희망의 속삭임처럼 따스하게 내리쪼이고 있었습니다.

나는 손바닥으로 햇빛을 가리며 방금 빠져 나온 철문을 돌아보았습니다. '성동구치소교정교육원'의 팻말이 이곳과 저곳을 금 긋듯 딱 버티고 서 있었습니다.

이름을 빼앗기고 누렇고 퍼런 제복에 1백 00번(미결수), 2백 00번(기결수)의 번호표를 단 창백한 얼굴들이 순서도 없이 떠오르자 이상하게도 눈가가 젖어들었습니다.

더구나 내일은 '어머니 날'인데 따뜻한 어머니의 품 대신 차가운 시멘트벽 속에서 한숨을 토하며 회한의 눈물을 뿌려야 하는 어린소년들이 불쌍하고 애처롭기만 했습니다.

저들은 죄를 지었기에 저곳에 있어야 하고 나는 또 이곳에 있을 만큼 의로운 존재인가?

거듭 질문을 던져 보지만 의인은 하나도 없다는 음성만이 내 마음에 진동할 뿐이었습니다.

불우한 환경과 사회의 부조리 앞에서 죄를 짓기까지 혼자 갈등하며 괴로워하였을 그 처절한 순간에 도움의 손길을 펴지 못한 우리 어른들의 무관심이 죄스럽기까지 했습니다. 그러나 나를 깊은 생각에 잠기게 하고 마음 아프게 하는 이유는 또 있었습니다.

성경 퀴즈를 끝마치고 2백 00번에게 최우수상을 수여할 때였습니다. 이곳에 오게 된 까닭을 의심할 만큼 외양이 단정하고 총명해 보이는 그는 신구약 성경을 훤히 암송하고 있는 듯 막힘이 없었습니다.

상품은 '성경찬송가 합본'이었는데 그는 성경책은 교회에 많이 있으니까 책 대신 2등 상인 커다란 초콜릿 한 개를 달라고 하였습니다. 순간 나는 오늘의 예배가 돌짝밭에 떨어지는 절망을 느꼈습니다.

우리는 허기진 배, 허기진 단맛, 허기진 욕망을 향한 채워지지 않는 불만 때문에 잘못된 길에 들어선 사람들을 많이 봅니다. 인간의 가장 기본적인 욕구는 허기진 배를 불리는 것이라고 하지만 인체의 저항력이나 인내력이 약한 어린아이들의 굶주림은 더더욱 비참합니다.

한 개의 캔디는 배고플 때 큰 역할을 할 수 있지만 배가 고프지 않을 때의 단것의 욕구는 마음의 허기와 냉함에서 연유되는 경우가 많습니다. 이곳의 청소년들은 입술의 단것뿐 아니라 따뜻한 마음의 어루만짐과 관심이 더 필요했을 것입니다.

오늘 '불우아동 돕기' 기사에 난 귀여운 얼굴들이 그때의 청소년들 모습과 겹쳐집니다. 다음에 갈 때는 자루 가득 초콜릿을 넣고 가서 마음껏 나누어 주고 얼굴에 사랑의 꽃이 환하게 핀 그들이 초콜릿 한 개보다는 내 성경을 더 갖고 싶어 하는 모습을 보았으면 좋겠습니다. 그리고 성경의 단맛을 갈망하는 그들이 되어 그곳을 떠난다면 더욱 좋겠습니다. '주의 말씀의 맛이 내게 어찌 그리 단지요 내 입에 꿀보다 더 하니이다' (시 119:103)

그 말씀은 순결함(시 12:6), 정미함(시 18:30), 완전함(시 19:7), 확실함(시 19:7), 정직함(시 19:8), 영원함(시 19:9), 의로움(시 19:9), 거룩함(롬 7:12), 선함(롬 7:12), 신령함(롬 7:14)입니다. 또한 일점일획도 폐할 수 없고 임의로 가감할 수도 없는 진리의 말씀입니다.

한 개의 초콜릿으로는 감히 다할 수 없는 생명력의 원천이 되는 단맛, 사랑의 맛입니다.

정오의 그림자

'얀 마텔' 이 지은 '파이 이야기' (Life of Pie)를 읽었습니다.

캐나다를 향해 가던 화물선이 대양 한복판에서 침몰하여 16살의 인도 소년 '파이' 는 사랑하는 가족을 모두 잃고 간신히 구명보트에 오르지만 보트에는 이백 파운드가 넘는 벵골 호랑이 한 마리도 같이 올라와 있었습니다. 파이는 호랑이보다 폭풍우가 몰아치는 태평양이 더 무섭고 '나는 죽을 거야' 라는 절망이 더욱 무서웠습니다. 파이의 227일간의 표류기는 여차하면 먹힐 수밖에 없는 호랑이와의 피를 말리는 대치상황이었습니다. 마침내 신의 도움으로 구조되는 해피엔딩이지만 책을 덮고도 오래 동안 '신(神)' 에 대해서 생각하게 하였습니다.

힌두교, 이슬람교, 기독교 세 종교에 심취되어 세 종교의 예배의식을 따라 열심히 신앙생활을 하던 '파이' 는 어느 날 부모와의 산책길에서 힌두교사제, 이슬람교지도자, 신부를 한꺼번에 만나게 되었습니다. 서로 자기 교회의 신실한 신도라고 주장하던 이들은 세 종교 중 하나를 택하라고 '파이' 에게 요구하였습니다. 어떻게 이런 일이 일어났느냐 의아해 하는 부모에게 '파이'의 대답은 간단했습니다. '나는 '신'을 사랑하고 싶을 뿐이에요.' 예배의식이나 종파의 상이점에 마음을 빼앗기기보다는 위대한 '신'을 경외하고 사랑하고 싶은 마음이 전부였다는 뜻이었습니다.

내가 존경하고 애독하는 수필작가 중 한 분이 자전수필 '신을 찾아서'를 펴냈습니다. 그는 일생을 통해 신을 찾아 방황했으나 결국 인격적인 '신'은 없다고 결론을 내렸습니다.

'파이'가 사랑하고 싶었던 '신'과, 셋 중에 하나를 선택하라던 '신', 그리고 일생을 방황하며 찾은 '신'들 사이에는 과연 어떤 관계가 있을까? 상념에 잠겼습니다.

'얀 마텔'이 '파이'를 통해 추구하는 '신'은 우리가 평하는 선악간 만물 중에 거하고 모든 종파를 뛰어 넘어 우주에 충만한 무소부재의 '신'이라 할 수 있습니다. 반면에 인격적 '신'은 인간 편에서 바라는 속성이나 지어 준 틀 속에 갇힌 '신'이 아닐까 생각되었습니다. 창조주되시고 섭리자되시는 하나님은 회전하는 그림자가 없으신 분이라 합니다.

정오의 햇빛이 똑바로 머리 위에서 비칠 때 그림자가 있을 수 없듯이 중심에서 조금만 비켜서면 우리는 우리가 세워놓은 조각상의 그림자를 보게 될 것입니다.

나는 어떤가? '파이'의 '신'도 어느 누구의 '신'도 아닌 스스로 있는 '신'을 믿고 싶습니다.

내가 믿는 '신'은 오직 한 분, 전지전능, 무소부재의 '신'입니다.

작은 교회

나이아가라 온 더 레이크에 가면 색 유리로 창을 낸 예쁜 교회가 있습니다.

주위는 체리과수원으로 둘러싸여 있어 봄이면 분홍색 꽃이 흐드러져 꽃향기가 사면팔방으로 넘실대고 한여름이면 아예 나무를 덮어버린 체리 열매들이 빨간 구슬처럼 다닥, 다닥 달립니다. 하얀 나무울타리로 둘러쳐진 교회는 그림같이 아름다워 사시사철 관광객이 끊이지 않고 찾아오는데 아홉 사람쯤 들어가면 꽉 차서 세상에서 제일 작은 교회라고들 합니다. 그러나 내가 보기에는 킨토어(Kintore, Ont.)에 있는 교회가 세상에서 제일 작은 교회 같습니다. 이 교회는 네 개의 작은 널판의자에 대여섯 명이 겨우 앉을 수 있습니다.

작은 공원교회(Little Park Church)라는 이름의 이 교회는 끝이 보이지 않는 옥수수 밭 한모퉁이에 전나무와 잡목들을 둘러 심고 그 가운데 들어 앉아 있습니다. 한여름에 나뭇가지가 무성할 때면 보지 못하고 그대로 지나치기 십상입니다. 칙

칙하니 검정 페인트로 칠한 정문 이마 위엔 하얀 이름패가 붙어 있는데 이름 밑에는 작은 글씨로 "들러 보시오"(Do drop in)라고 쓰여 있고 이름패 위에는 '1989년 10월 1일'이란 생일이 적혀 있습니다.

요즈음 이십여 년이 지난 이 교회 앞을 매주 지나다니면서 언제나 문이 닫혀 있는 저 교회가 이곳에 있어야 되는 이유가 무엇일까? 늘 궁금하였습니다. 사람들이 모여 사는 동네에서 거리가 떨어진 이 벌판에 그것도 차들이 쉴 새 없이 지나다니는 큰길가에 있으니 누가 일부러 여기까지 찾아올까? 의아했기 때문입니다. 오늘은 친구와 같이 그 앞을 지나다가 차를 세웠습니다. 한번 들어가 보려고 벼르기만 하다가 실행에 옮긴 것이었습니다.

엊그제 내린 눈이 제법 두텁게 쌓여서 깊은 발자국을 푹푹 찍으며 문 앞까지 갔습니다. 바람에 불려 문이 열리지 않도록 밀어붙인 바위덩이 두 개를 치우니 문은 쉽게 열렸습니다. 우리들 말고는 아무도 오지 않았으리라 생각한 내 눈 앞에 그러나 한 흔적이 나타났습니다. 한 부부가 네 자녀들과 함께 다정하게 찍은 사진 한 장이 거기 있었습니다. 그 뒷면엔 흐릿하니 빛바랜 볼펜 글씨로 '테레사' '폴'이란 서명이 있고 다음과 같은 글이 있었습니다.

"주여 도와주시옵소서. 우리가 왜 갈라져야합니까. 저는 제 아내도 네 아이들도 한없이 사랑합니다. 주여 용서하여 주옵소서. 저의 결혼을 복원하지 못한 것을 용서하여 주시고 도와주시옵소서."

사진 속의 부부는 환하게 웃고 있는데 내 눈에는 아린 눈물이 고여 왔습니다. 얼마나 마음이 아팠을까? 가정이 깨어지는 고통, 사랑하는 자녀들과의 헤어짐, 그 괴로움을 견디다 못해 눈 쌓인 벌판의 여기 골방까지 와서 가슴을 뜯으며 울부짖었을 한 영혼의 소리가 내 귀에 들려오는 듯 했습니다. 나도 모르게 좁은 나무의자에 주저앉아 간절하게 기도하는 자신을 발견하였습니다. 그리고 기도 끝머리에 나의 기원 하나를 더 보탰습니다.

주여 내 마음속에 아주 작은 교회 하나 있게 하옵소서. 누구든지 터지는 괴로움을 편안하게 쏟아낼 수 있고 그리고 손등으로 눈물을 닦으며 나갈 수 있는 그런 골방 되게 하옵소서.

'수고하고 무거운 짐 진 자들아 다 내게로 오라 내가 너희를 쉬게 하리라' (마 11:28)

이름 모를 꽃

매주 토요일이면 어김없이 와서 강대상의 꽃꽂이를 해 놓고 가는 분이 계십니다. 이 분의 꽃꽂이는 계절을 따라 소재와 구성이 다양하고 아름다워서 주일에 교회 문을 열고 들어서면 온 교회가 하늘나라의 향기 속에 활짝 피어나는 황홀한 기분이 듭니다.

한번은 참 이상하게 생긴 열매를 가지고 왔는데 꼭 아기주먹 같이 작고 기름한 것이 노랗게 영글어서 가지에 주렁주렁 매달려 있었습니다. 그 열매의 이름이 '여우 얼굴'이라고 했습니다. 토종 꽃이 아니니 이름을 알지 못한 것은 당연하다고 자위하였습니다.

얼마 전에 국립수목원을 방문했던 일이 문득 떠올랐습니다. 수목원 한편에 있는 한국의 토종야생화화원으로 들어서니 우리 주위의 산과 들에 지천으로 피어 있는 예쁜 꽃들이 많이 있었습니다. "아! 참 예쁘네요. 이렇게 '이름 없는 꽃들'이 오히려 온실에서 자란 개량종 꽃보다 더 예쁜데요" 우리는 탄성을 발했습니다. 그런데 그때 우리를 안내하던 교수님은 '이름 모를 꽃' 이겠지 이 세상에 '이름 없는 꽃이란 있을 수 없어.' 큰 소리로 정정을 하시는 것이었습니다. 개상사꽃, 금강초롱꽃, 백양꽃, 범부채, 빼꾹나리, 깽깽이 풀… 교수님의 설명을 듣고 보니 정말 세상엔 이름 없는 꽃은 없었습니다.

요즈음 가을이 무르익은 산과 들에 나가면 크고 작은 여러 가지의 국화들이 형형색색으로 만발해서 상쾌한 소슬바람에 활개치며 나부끼고 있습니다. 이름은 알 수 없지만 꼭 무리지어 어깨를 비비며 하늘 높이 노래를 부르는 열띤 야생 꽃 합창단 같습니다. 그 모습들을 한참 보고 있으려니 마음 깊은 곳에서 찬송가의 멜로디가 은은하게 울려 왔습니다.

'이름 없이 빛도 없이 감사하며 섬기리다' (찬송가355장)

우리들의 주위엔 아름다운 야생 꽃과 같은 분들이 많이 있습니다. 이름조차도 몰라주는 무리에 싸여 있으면서도 조금도 탓하지 않고 오히려 더 기쁘고 즐겁게 주를 섬김으로 많은 사람들에게 용기와 힘을 불어넣어 주는 귀한 성도들인 것입니다. 그래서 하나님은 '땅 위의 성도는 존귀한 자라' 고 하시는 것입니다. 때로는 좋은 일을 하고도 간곡히 이름을 밝히지 말아주기를 원하는 분들도 있습니다. 모금운동을 하다보면 익명의 기부자를 만나는 경우가 종종 있습니다. 문서선교회를 설립하고 30여 년 동안 참으로 많은 분들이 꽃씨 한 알을 주듯 사랑의 헌금을 해 주셨습니다. 우리 선교회 역사상 가장 거액의 헌금을 해 주신 그 분은 끝까지 이름 밝히기를 거절하셨습니다. '기부할 수 있다는 것만으로도 한없이 행복하다'고 하였습니다. 마치 꽃이 꽃인 것만으로도 더 없이 즐거워한다는 것과 꼭 같습니다.

하나님은 이 세상 만물을 창조하실 때 모든 생물을 각각 그 종류대로 만들어서 하나 하나 이름을 주시고 영광을 받으시기 위하여 사명을 띄우고 지으셨습니다.

우리는 내 모습 이대로 내게 있는 것으로 열성을 다해 주의 영광을 드러내야 할 주의 손의 작은 꽃들입니다.(행3:6)

'호흡이 있는 자마다 여호와를 찬양할지어다' (시 150: 6)

페트라 (Petra)

요르단의 고대도시 페트라는 세계 7대 불가사의의 하나로 1985년 유네스코 세계문화 유산으로 지정되었습니다. 페트라(Petra)의 원뜻은 '바위'이며, 바위로 둘러싸인 도시 또는 바위도시를 일컫는 말로 아랍계 유목민 '나바티아'인이 건설한 해발 950미터의 산악도시입니다.

최고 300미터의 바위산으로 첩첩이 둘러싸인 험준한 골짜기 바위를 반쯤 깎아내고 세운 '페트라'는 '메소포타미아'와 '애굽'을 잇는 대상의 길이 나있어 대상도시라고도 하였습니다. 붉은 사암의 바위산을 파들어 가며 방을 만들고 석주를 세우고 지붕을 깎아 쪼아내고 다듬어서 아름다운 조각상을 만들어 내다니 놀랍기만 하였습니다. 더구나 동굴궁전의 벽마다 가득채운 조각그림들은 익숙한 사냥족의 강인한 육신의 힘과 섬세한 예술성이 기묘한 생동감을 발산하고 있었습니다.

알카즈네(보물창고라는 뜻)사원을 비롯하여 높이 20여 미터에 달하는 웅장한 건물의 잔해들을 둘러 본 후, 멀리 고관들의 무덤 산을 답사하였습니다. 이 삼층 동굴의 묘지들은 어찌나 정교하게 만들어졌는지 지금은 주거지로 사용한다고 하였습니다. 일기가 건조하고 통풍이 잘 되는 관계로 시신들은 그대로 단 시간에 말라 버리기 때문에 무덤과 거주지가 같이 있을 수 있고 주택으로도 사용할 수 있다고 합니다.

성서적으로 '페트라'는 '이삭'의 큰 아들 '에서'가 세운 '에돔' 왕국의 수도였습니다.

동생 '야곱'의 꾀에 넘어가 팥죽 한 그릇에 장자권을 팔게 된 '에서'가 장자의 축복마저 빼앗기고 그의 자손들을 이끌고 요르단 남부에 있는 거친 산악지대 '세일'(지금의 페트라)을 중심으로 '에돔' 왕국을 세우게 되었다고 성경은 기록하고 있습니다.

물 저장소였다는 암벽 밑 너른 바위에 앉으니 시원한 바람이 상쾌하게 불어왔습니다.

바위산을 깎고 다듬어 피어낸 페트라문화의 웅장한 모습은 수천 년 동안 갈 바를 모르고 불어제친 산바람에 긁히고 뚫려서 오히려 기괴한 중압감으로 우리를 짓눌렀습니다.

내 집을 갖고자 하는 염원은 움직이는 생물들의 본성일지라도 집을 다듬는 건 사람만이 할 수 있는 능력이 아닐까 생각해 봅니다. 죽은 자들의 삶의 흔적까지 지킬 수 있는 건 정말 인간만이 누릴 수 있는 특권이라 여겨졌습니다. 신의 성품을 닮으려는 심성을 간직한 귀한 보배, 내 몸을 소중히 간수할 공간이라서 우리는 집을 세우고 치장하는 것이라 여겨집니다. 6세기에 있었던 큰 지진으로 인하여 '페트라'는 함몰되어 폐허가 되었습니다.

장자권을 빼앗긴 '에서'의 증오는 출애굽의 이스라엘 민족이 '에돔' 땅을 지나는 것을 허락지 않고 광야 40년의 어려운 고난 길을 행진하게 하였습니다. 오늘도 '에서'(아랍)와 '야곱'(이스라엘)의 돌팔매질은 끝없이 계속되고 있습니다.

문득 '반석위에 지은 집'은 무너지지 않는다는 비유가 떠오릅니다.

바위 속에 지은 집 '페트라'는 무너지지 않을까.

사랑이 없으면 증오의 불길은 바위라도 폭파할 수 있을 듯합니다.

아이(Ai)성에서

나는 주위에 있는 교인들께 성경을 많이 읽으라고 권합니다. 읽되 창세기 첫 장부터 계시록 끝 장까지 통독하기를 권장합니다. 그것은 과학자나 철학자, 신학자 혹은 성직자들이 제창하는 변론에 휘둘리기 보다는 스스로 진위를 분변할 수 있는 감별력을 얻는 가장 좋은 길이라고 믿기 때문입니다. '…성경은… 영원한 생명을 찾게끔 이끌어 주는 생명의 책이다. 이 때문에 성경은 바로 모든 교육의 핵심이다. 그래서 교육은 신앙일 수밖에 없다는 말 아닌가.' ("교육이 신앙이다" 2010. 12. 1. 김재동 종신부제)라는 글을 읽고 '모든 성경은 교훈과 책망과 바르게 함과 의로 교육하기에 유익하니' (딤후 3:16)를 찾아내 성경 교육이 곧 신앙이라는 등식이 성립될 수 없는 감식력도 성경통독에서 얻어지기 때문입니다.

종교칼럼에서 '기독교인들도 도덕경을 읽어야 하는 이유' (2011. 1. 19 최성철 목사)를 읽게 되었습니다.

'…종교의 기능과 목적은… 궁극적인 실재를 느끼며 더욱 생기있고 행복하게 살아가기 위한 것입니다. 기독교인들은 이 궁극적인 실재를 하느님이라고 부릅니다. 다시 말해서 종교란 무엇을 믿는 것에 목적이 있는 것이 아니라 어떻게 사느냐에 그 기능과 목적이 있는 것입니다. …각 사람마다 자신에게 알맞은 종교를 선택하여 살아가는 것은 우주의 법칙이고 하느님의 법칙입니다…' 기가 막혔습니다. 오래전 일이 떠올라 잠시 생각에 잠기게 했습니다.

20여 년 전, 독일에 있는 한 여행사의 도움을 받아 자체 그룹을 형성하여 현지에서 합류하는 이스라엘 성지순례여행을 떠났습니다. 목사님 두 분을 포함 장로 넷, 권사 집사 등 열 명의 인원이 이스라엘의 하이파 공항에 내려 소개해 준 가이드를 만났습니다. 멀리 독일에서 어떻게 주선하였는지 우리의 숙소는 세계올림픽대회에서 아랍인의 총격을 받고 숨진 이스라엘 선수들을 기념하기 위해 새로 건축한 유스호스텔이었습니다. 딱딱한 이층 나무침대에서 불편하게 잠을 설쳤지만 성지를 밟은 우리의 마음은 감동으로 벅차올랐습니다. 당시 아랍과 이스라엘 두 민족 간의 적대감은 극도에 달해서 관공서, 학교, 백화점 심지어 큰 상가까지 수위나 경비는 권총을 차고 치안을 했습니다. 휴가병들도 유사 시에 곧장 출동하도록 완전 무장을 하고, 담임선생님이 권총을 차고 학생들을 인솔하는 풍경은 무척 삼엄하여 완전히 긴장감으로 꽉 찬 전시를 방불케했습니다.

아랍인 운전수는 버스에 돌팔매질을 하는 아랍소년들을 두려워하여 '핫따' 라는 체크무늬의 긴 머리 수건을 차 앞 유리창에 넓게 펴고 달렸습니다. 그런데 우리의 주춤거리는 불안감은 오히려 가이드 때문에 증폭되고 있었습니다. 교회 집사라는 그는 독일어는 어느 정도인지 알 수 없으나 히브리어, 아랍어는 물론 영문 도로표지도 읽지 못해 길을 찾지 못하는 것이었습니다. 아침 8시에 출발예정이라 해놓고 새벽 예배드리는 곳에 뛰어 들어와 30분 후에 현관 앞으로 나오라고 독촉하는 것이었습니다. 나중에 알았지만 그 시간은 다른 여행객이나 수학여행학생들이 출발하니까 그들을 따라가려는 것이었습니다. 그뿐 아니라 교회 집사라면서 성경지식이 너무 없었습니다. 모세가 가나안 땅을 바라보기만 한 느보산을 왜 모두들 힘들여 올라가려고 하는지, 엘리야 선지가 왜 칼을 빼들고 서 있는지를 전혀 이해 못하고 영문 안내판을 읽어 보라고 했습니다.

우리가 히브리대학 한국유학생을 도우미로 선발하게 된 사건은 사흘 만에 일어났습니다. 무더위에 엉뚱한 들길을 헤매다가 여리고성 터를 지나 아이(Ai)성에 이르렀습니다. 시뻘건

적토의 아이성은 얼마나 견고하게 지어졌던지 수천 년이 지난 지금도 높은 성벽의 잔해가 굳건히 남아 있었습니다. "아이 성은 다 봤으니 이제 어른 성으로 갑시다." 무덤덤하게 서 있는 가이드에게 남편이 농담을 던졌습니다. "아 어른 성도 있어요? 그럼 찾아 가야지요." 그는 부리나케 운전수에게로 갔고 일행들은 폭소를 터트렸습니다.

요즈음 '인격적인 신' 이나 '자신에게 알맞은 종교' 등을 읽으며 신이 인격을 갖추어야 될 것인지, 어느 민족을 대상으로 알맞은 종교일까를 생각해 봅니다. 한국인에게는 '아이' 라는 낱말이 어린아이를 뜻하니까 어른을 대비시킬 수 있지만 다른 언어의 민족이라면 또 다른 해석이 될 것입니다. 결국 교리 논쟁이란 그런 것이 아닐는지. 창세기 1장 1절부터 "하나님"이라 밝히는 신과 "하느님"이라 부르는 그의 신은 분명히 다른 종교라는 생각이 듭니다.

'만일 그리스도 안에서 우리의 바라는 것이 이생뿐이면 모든 사람가운데 우리가 더욱 불쌍한 자니라' (고전 15:19).

엉겅퀴와 선교사

엉겅퀴, 빛바랜 사진처럼 기억을 더듬게 하는 이름이었습니다. 슬쩍 스치기만 해도 치맛자락에 척척 엉겨 붙어서 끝내 피를 흘리게 하던 들판의 요물이 스코틀랜드의 나라꽃이라는 것은 짐작도 못했습니다. 성 둘레에 무진장 번성한 엉겅퀴가 적군의 침공에서 나라를 지켜준 고마움 때문에 나라꽃으로 받들어 주었다고 합니다.

어린 날 나무지게를 지고 가다 엉겅퀴 밭에서 굴러 피투성이가 되었던 한 촌아이가 이곳에서 선교사역을 한다는 것은 더욱 모르는 일이었습니다.

장로교의 본 산지이고 킹 제임스(King James)성경이 유래된 열렬한 신앙의 선조를 가진 이 고장에 무슨 선교사가 필요한가? 선뜻 이해가 되지 않는 의문이었습니다.

우리가 처음 김위식 선교사를 만났을 때 붙여 준 별명은 '돈키호테' 였습니다. 재정적기반도 없이 아는 이도 없고 영어도 못하고 더구나 한국인이라곤 한 사람도 없는 곳에 떨어졌으면서도 그렇게 많이 웃을 수 있는 낙천가를 본 적이 없기 때문입니다.

스코틀랜드는 북쪽 지방을 제외하곤 바람, 돌, 양떼가 많은 섬나라입니다. 매끄럽게 닳은 돌길, 낮은 돌담, 빨간 기와를 인 돌집들이 울창한 나무숲 사이로 오밀조밀 모여 있어 그림처럼 아름다운데 끝없는 초장에 솜뭉치처럼 펴져있는 양떼는 목가적인 평화로움을 더해주고 있었습니다.

남자들이 치마를 입고 백파이프(Bag Pipe)를 부는 것으로 인상 깊은 이 나라는 또한 골프, 의회민주주의와 영어의 발상지이기도 해서 세계 제일을 자랑하는 것이 한둘이 아니었습니다. 그러나 무엇보다도 자랑스러운 것은 사방에 우뚝 솟은 돌로 지은 웅장한 교회들이었습니다. 이 훌륭한 교회들이 하나둘 십자가를 떼게 된 것은 운영난이 큰 원인이었습니다.

식당이나 호화 아파트, 간이 술집으로 변신한 교회들을 보면 지조를 잃은 처녀처럼 마음이 아프고 '성을 보시며 우시더라'(눅 19:41)는 주님이 떠올라 죄책감과 탄식이 절로 나왔습니다.

지난 10월 30일 종교개혁 일에 맞추어 '스트란라 국제선교교회' 설립예배를 드릴 때 김 선교사님은 눈물을 흘렸습니다. 술집으로 넘어 갈 뻔했던 교회를 끌어안고 지난 10여 개월동안 얼마나 몸부림을 쳤으면 저토록 머리가 성글성글해졌을까? 파이프오르간의 장엄한 찬송가 소리가 채색 유리창을 뒤흔들며 높고 넓은 교회 안에 가득 울려 퍼질 때 2년간이나 묻혀있던 먼지를 털어내느라 땀 부스럼으로 얼굴이 불긋불긋 얼룩진 우리들도 서로 바라보며 눈물을 흘렸습니다. 떼어낸 자국만 하얗게 나 있던 정면 높은 곳에 새 십자가가 밝은 햇살에 주의 영광처럼 찬란하게 빛나고 있었습니다.

스코틀랜드의 장로교는 목사사례비를 일률적으로 교단에서 지급한다고 합니다. 목회에 열의가 없는 목사님이 있게 되고, 집에서 텔레비전을 보며 예배를 드리는 교인까지 생기게 되었습니다. 신앙은 식어 가고 교회는 점점 비게 되어 결국 사례비를 위해 교회를 파는 형편이 되어갔습니다. 마치 계시록의 에베소 교회처럼 첫사랑을 잃어버린 냉랭한 교회가 되고 말았습니다.

김 선교사님은 지난 몇 해 동안 '바인'(Vine)교회에서 365일간 매일 새벽기도를 실시하여 출석교인 50여 명이던 것을 500여 명의 교회로 부흥시킨 목사로 유명하였습니다.

퀸 매리(Queen Mary)의 극심한 박해를 받았던 존 녹스(John Knox)를 비롯하여 수많은 순교자를 낸 이 고장에 성령의 불꽃을 다시 일으키는 것이 김 선교사님의 최우선 목표였습니다.

'스트란라' 에서부터 전 유럽으로 뜨거운 성령의 바람을 불어 보내는 것 또한 절실한 바램이었습니다. 초기 신앙의 참모습과 그 진실을 배우고자 하는 모든 사람들에게 문을 열고 돕는 선교센터의 큰 계획도 가지고 있었습니다. 결코 쉬운 일이 아니지만 그는 낙천적인 너털웃음을 웃었습니다.

"엉겅퀴 밭에서 굴러 피투성이가 됐던 촌놈이 오늘 엉겅퀴의 나라에 오게 된 것은 순전히 하나님 뜻인데 내가 걱정할 게 뭐가 있겠어요?"

김 선교사는 스코틀랜드의 죽어 가는 영혼을 구하려 엉겅퀴 밭을 뚫고 찔리고 긁힐 각오가 단단히 되어 있었습니다.

하늘을 향해 김 선교사의 너털웃음이 우렁차게 퍼져나가기를 기원하였습니다. 함께 웃으실 주의 모습이 보이는 듯 했습니다.

교회를 세우는 자 되어

3월 4일이면 송세훈 장로는 은퇴를 하게 됩니다. 런던 제일 장로교회는 1976년 2월에 창립되어 올해 창립 30주년을 맞게 됩니다.

1981년 6월에 성전 입당예배와 더불어 초대 선출장로로 장립된 지 25년 만에 교회창립 기념식과 함께 은퇴식을 거행하게 되어 감개가 무량합니다. 더욱이 함께 장립을 받은 세 장로(고 백병전 장로, 김정태 목사) 중 유일하게 충성을 서약한 본 교회에서 은퇴를 할 수 있게 인도해 주신 하나님의 은혜를 감사드리며 지나온 세월을 돌아보니 만감이 교차됩니다.

1969년 6월에 캐나다 심장학회 연구비로 웨스턴의과대학에 왔을 때 런던의 인구는 18만 6천 정도였고 한인가정은 열 가정도 채 못 되었습니다. 이곳에서 세 개의 교회를 세우는 일에 관여하리라곤 전혀 생각지도 못했습니다.

우리 가족이 대강 어설프게나마 정착을 하고 주위를 돌아볼 즈음 세실 커크(Cecil Kirk) 목사님이 초등학교 강당에 캐나다 낙스 장로회소속의 트리니티장로교회(Trinity Presbyteran Church)를 개척하였습니다. 송 장로님은 이 교회의 건축위원으로 선출되어 교회를 짓는 일에 큰 역할을 담당하였습니다. 이 무렵 토론토한인장로교회의 안상엽 목사님과 이성갑 전도사를 중심으로 몇 분이 뜻을 모아 런던에 교회설립을 추진하게 되었습니다. 그 당시 한인회 회장으로 한인들 활동의 구심점을 이룩하기에 열성을 기울이던 그는 한인들의 교회를 설립하려는 일념으로 교회설립에 필요한 청원인원을 얻기 위해 거의 전 교민을 서명에 동원하였습니다. 교회명칭은 교파를 초월하여 '런던 한인교회'(community church)로 하기를 적극 추천하여 전원 의견 일치로 그대로 결정하였습니다.

1976년에 설립된 제일장로교회는 김경진 초대 목사님이 떠나고 토론토에서 심영견 전도사님이 내려와 예배를 인도했습니다. 주일이면 3살, 2살 1살짜리 어린 세 딸들을 낡은 웨곤(Station wagon)에 태우고 올 때는 사모님이 운전하고 저녁에 갈 때는 목사님이 운전하면서 어려운 목회를 하고 있었습니다. 저녁 늦게 예배가 끝나면 온 가족이 모두 지쳐 있었는데 잠시 우리 집에서 쉬고 식사라도 대접해 드리려는 마음에 아침엔 트리니티교회에서, 오후엔 제일장로교회에서 예배를 드리는 바쁜 교회생활을 하게 되었습니다.

1979년에 제일교회 건축위원장을 맡아 모금과 건물구입에 전적으로 개입하게 되었습니다. 흥미로운 일은 1980년에 세 교회가 모두 교회건물을 마련하게 되었는데 계약금 3만 불을 모금하는데 제일교회는 3개월이 걸리고 '트리니티교회'는 3년이 걸린 것입니다. 그러나 더 놀라운 것은 '트리니티'교회는 교인들이 장기정기예금구좌를 건축기금으로 예치해 주는 방법으로 은행융자를 훨씬 전에, 가장 먼저 이미 다 갚은 것입니다. 이는 교인들이 얼마나 목사님과 장로들을 신뢰하고 교회를 사랑하는가를 웅변으로 말해주어 장로로서의 덕목을 일깨워주는 큰 교훈이 되었습니다.

장로장립식날 노회장 계화삼 목사님은 건축위원장으로서의 수고를 치하하며 한 뼘이 넘는 커다란 열쇠를 하나 주셨습니다. 교회에 충성 봉사하라는 당부도 하셨습니다.

한때 목사님이 떠나고 후임 당회장을 청빙하는 동안 장로직 수행에 어려운 경우도 있었고 잠간동안 침례교 임시 목사님이 장로제를 철폐하는 등 수난을 겪기도 하였습니다.

오늘 장로은퇴식을 할 수 있게 된 것은 어디까지나 일구이언하지 않는 정직함과 성실함으로 한손에 열쇠를 굳게 움켜잡고 교회를 세우는 자가 된 때문이라고 말씀하십니다.

이제 짐을 가볍게 해 주신 하나님께 영광을 돌리며 그 앞에서는 날까지 내 마음의 교회를 더욱 튼튼히 세우리라 다시 서약하는 바입니다. 그의 새로운 신앙고백이었습니다.

애양목(愛羊牧)신학교

양을 사랑하는 목자들의 신학교, 애양목신학교의 졸업식 날입니다. 창립 15주년이 되는 올해의 졸업생은 남녀 2명씩 네 명입니다. 아레호브 이반, 이굼노바 말가리타, 라자렙 스베틀라나, 꼴무닌 빅토르. 이름에서 보듯 학생들은 전부 러시아지역의 현직 목회자들입니다.

해마다 40여 명의 러시아 목회자들이 성남 혜성수도원의 신학교에서 한 달간의 단기 집중 신학강좌와 영성훈련을 받습니다. 3년 수강생은 졸업을 하게 되는 것입니다. (현재까지 504명이 졸업하였습니다.) 총 책임 인솔자는 '브라디보스토크'에서 사역하시는 송상천 선교사입니다.

송 선교사를 처음 만난 것은 1990년도 초반이었습니다. 한국에 나가는 길에 LA의 심 목사님을 방문하였다가 송 선교사님의 선교보고를 들었습니다. 바로 전 해에 '하바로스크'에서 의료선교를 하던 이주헌 씨 부부가 살해되는 참사가 일어났습니다. '닥터 리'는 남편 송 박사와 동기동창으로 미국 뉴저지에서 성공적으로 하고 있던 개업의를 청산하고 2년 전에 간호사인 부인과 함께 의료선교를 떠났습니다. 병원시설, 의료기구, 약품이 형편없이 빈약한 현지사정을 알려와 동료의사들이 두 컨테이너 가득 의약품과 의료 기구 등을 수집하여 보내주었습니다. 잘 받았다는 소식을 들은 게 엊그제인데 너무도 비통하였습니다. 후에 밝혀진 바로는 치료해 주고 상담해 주던 북한 벌목공에 의해 변을 당한 것이었습니다. 조금도 반항한 흔적 없이 무지막지한 매를 맞고 떠났다고 합니다.

연세의대 첫 번째 의료선교순교자인 '이주헌' 기념장학회를 설립하게 되어 송 박사는 캐나다 한인문서선교회의 헌금을 전달하는 책임을 지고 있었습니다.

이야기 중에 '브라디보스토크'과 '하바로스크'는 가까운 거리에 있는 유사한 형편의 도시라는 것을 듣게 되어 송 선교사와의 새로운 선교지 연결고리를 이루게 되었습니다.

러시아의 문호개방 직후에 방문한 '브라디보스토크'의 민생형편은 열악하기가 이루 말할 수 없었습니다. 공산정권하에서 방치한 유서 깊은 건물들은 페인트가 벗겨지고 부서지고 고장난 승강기 철문이 을씨년스러웠습니다. 돌멩이가 울퉁불퉁 불거진 길에 가지각색의 모델과 다국적버스들이 알 수 없는 문자로 광고를 칠하고 덜컹거리고 다녔습니다. 운전석이 오른쪽에, 혹은 왼쪽에 있고… '…스시집' 이라는 일어 광고가 있는가 하면 '…어린이집' 이란 한글도 있었습니다.

송 선교사(고대 노어과, 대한신학교 졸업)는 러시아 현지인을 목회자로 양육시켜 자민족선교를 하는데 뜻을 두고 꾸준히 몇 사람을 훈련시키고 있었습니다. 처음에는 방관하던 러시아 정교회가 기독교의 확산을 저지하려는 움직임이 표면화되면서 어려움을 겪게 되고 러시아내 교육에 한계를 느끼게 되었습니다. 좀더 체계적인 신학강론교육과 폭넓은 교역자영성훈련센터의 필요를 갈구하던 중 1999년에 감리교단의 지원으로 '브라디보스토크 애양목비전센터' 를 설립하게 되었습니다.

미국 훼이스(Faith)기독교신학대학원과 공동학위조인을 맺어 일반대학 졸업자에 한하여 논문심사 후 석사학위를 수여하는 제도를 도입, 현재까지 학위 수여자는 8명이나 됩니다. 목회자 연장교육 및 교회지도자교육기관으로 인준도 받았습니다. 모든 교수진은 자원무료강사이며 강의는 한국어로 하고 노어통역으로 진행됩니다.

러시아에 저 많은 목사님들이 있다는 사실에 감격하였고 그 중에는 영어를 이해하는 의사도 두 명이나 있어 더욱 놀랐습니다. '의사해서는 먹고 살 수가 없기 때문' 이라고 하였습니다.

졸업식에서 찬양하는 학생들을 보노라니 온몸으로 흐르는

한줄기 전율에 눈시울이 뜨거워집니다. 이들 중엔 아직도 신분을 노출시킬 수 없는 지역에서 온 지하교회 목사도 있습니다.

애양목신학교는 사람이 할 수 없는 일이 이루어지는 곳입니다. 주의 영광을 위하여.

2부

슬기로운 아내

5월이 되면 어린이날, 어머니날, 스승의날이 차례로 있어 가정의 달이라고 합니다. 일 년에 단 한 번이라도 어머님 날 낳으시고 기르신 깊은 사랑과 은혜를 감사하여 어머니를 기쁘게 해 드리고 길이 기억하려는 뜻으로 어머니날을 정했지만 근래엔 아버지의 은혜 또한 크다 하여 어버이날로 통합하였습니다.

가정에서 어머니와 아버지의 역할은 똑같이 중요하다고 누구나 인정하지만 여자와 남자로 역할을 말할 때는 일치하지 못하는 의견들을 가끔 만나게 됩니다.

'아내들이여 자기 남편에게 복종하기를 주께 하듯 하라 이는 남편이 여자의 머리됨이 그리스도께서 교회의 머리됨과 같음이니' (엡 5:22)

수없이 많이 들어온 설교이지만 으레 몇 사람이 머리를 갸웃거리게 합니다. 어떤 경우이던 상황에 관계없이 남편에게 복종하라는 말씀이 납득이 되지 않는다는 것입니다. 더구나 성실하지 못한 남편의 불의한 일에조차 복종을 해야 되는 것인가 의구심을 일으키는 것입니다. '…각 사람은 위에 있는 권세들에 굴복하라 …모든 권세는 다 하나님이 정하신 바라' (롬 13:1). '남편도 하나님이 정하신 권세라…' 설교는 더 나아가 '…여자는 일절 순종함으로 종용히 배우라 여자의 가르치는 것과 남자를 주관하는 것을 허락치 아니하노니' (딤전 2:11, 12)의 말씀에 이르러 아내와 남편의 관계를 명령과 복종의 계급으로 갈라놓는 그릇된 설교를 들은 적도 있습니다.

이 말씀들은 성경에 기록된 대로 조금도 틀림이 없는 참 말씀입니다만 단지 해석에 따른 의미의 차이가 있을 뿐입니다. 녹스칼리지 한인성서 아카데미의 도카스 고든 학장은 성서번역은 문화, 성별, 나이, 종교적 배경, 경제적 상태에 따라 달라진다고 하였습니다. 지금 세대에 이상의 성경말씀을 전한다면 아무도 따르지 않을 것이라며 성경번역이 얼마나 어려운 일인가를 역설하였습니다.

오늘날의 교회의 혼란은 성도들에게 말씀을 쉽게 이해시키기 위해 세상적인 보조 즉 철학과 심리학 같은 인문학을 도입하여 말씀이 왜곡되는 데서 기인된 것이라고 합니다.

하지만 성경을 성경으로 풀이할 때 해답은 성경 안에 있는 것을 발견하게 됩니다.

'그리스도를 경외함으로 피차 복종하라' (엡 5:21) {-피차 복종하라 -}

'남편들아 아내 사랑하기를 그리스도께서 교회를 사랑하시고 위하여 자신을 주심같이 하라' (엡 5:25) {-아내를 사랑하라 -}

또 다른 말씀을 찾아보면

'너희는 남자나 여자 없이 다 그리스도 예수 안에서 하나이니라' (갈 3:28)

더욱 근원적으로 창세기에는 하나님이 여자를 남자의 돕는 배필로 창조하셨음을 봅니다.

(창 2:20) 혼자로는 하나님 앞에 불완전한 존재이기에 한 몸(교회)이 되기 위해 서로 동등하게 사랑하고 순종하고 도우미가 되고 뼈 중의 뼈, 살 중의 살이 되는 것입니다.

어머니날입니다. 헛되이 변론을 하기보다는 하나님이 사랑하시는 어머니, 아내는 어떤 여인일까 생각하며 언제나처럼 성경을 폅니다.

'집과 재물은 조상에게서 상속하거니와 슬기로운 아내는 여호와께로서 말미암느니라' (잠언 10:14)

'그 자식들은 일어나 사례하며 그 남편은 칭찬하기를 덕행 있는 여자가 많으나 그대는 여러 여자보다 뛰어난다 하느니

라' (잠 31:28-29)

'고운 것도 거짓되고 아름다운 것도 헛되나 오직 여호와를 경외하는 여자는 칭찬을 받을 것이라' (잠 31:30)

여호와를 경외하는 여자, 여호와께서 내신 슬기로운 아내가 되기를 간구합니다.

가장 안전한 곳

요즈음 신문을 보면 재해, 사고의 참담한 보도가 없는 날이 없습니다. 그중 단연 으뜸이 허리케인 '아이린'이 휩쓸고 지나간 피해상황입니다. 미국 노스캐롤라이나 주 해터러스섬의 12번 도로가 곳곳이 끊겨 있는 사진과 더불어 미 동부지역에서 19명의 사망, 최대 70억 달러의 경제적 손실을 추산한다는 소식입니다. 많은 항공노선이 취소되어 뉴욕 라과디아공항의 간이침대에서 눈을 붙이는 관광객들의 불편하고 불안한 사진도 있었습니다.

'아이린'은 여기서 끝나지 않고 시속 100km가 넘는 폭풍우의 엄청난 위력으로 캐나다 동부 퀘벡, 대서양 연안을 강타하였습니다. 몬트리올, 뉴브런스윅과 노바스코샤 일원의 수천 가구가 정전되고 뉴브런스윅과 PEI를 연결하는 다리는 통행금지를 시켰다고 합니다. 한편 스스로 생을 버린 한국인 젊은이가 있어 안타깝기 한이 없는데 모터사이클 운전자가 교차로에 늘어진 연줄에 목이 걸려 하마터면 목숨을 잃을 뻔한 황당한 사고도 있었습니다. 움직이기만 하면 사방에 위험이 도사리고 있는 듯한 세상사를 들여다 보노라니 오래 전 종교잡지에서 읽은 글이 떠올랐습니다. 존 허만 목사님의 글은 다음과 같은 내용이었습니다.

자동차를 타지 마시오. 모든 치명적인 사고의 20%는 이 때문에 생깁니다. 비행기, 철도, 수상여행을 하지 마시오. 모든 사고의 16%는 이러한 여행에서 생깁니다. 집에 머물러 있지 마시오. 모든 사고의 17%는 집 안에서 발생합니다. 거리나 보도를 걸어 다니지 마시오. 모든 사고의 14%는 행인에게 생깁니다. 그러나 모든 치명적인 사고의 1%의 1000분의 1%만이 예배동안에 생깁니다. 그러므로 당신에게 가장 안전한 곳은 교회당입니다.

이 글은 사고의 원인이나 상황에 따라 작용되는 복합적인 요소들을 감안하면 어느 정도 무리한 부분도 있겠으나 상당히 수긍이 되는 수치였습니다.

오늘날 자동차의 기본 안전장치는 필수적인 구비사항이며 비행기나 수상여행에서 탑승자를 위한 안전교육은 반드시 지켜야 될 수칙입니다. 집 안과 밖의 안전 수리, 교통법칙 준수 등 우리는 나 자신과 남을 위한 규칙을 충실하게 이행하며 살고 있으나 늘 불안전합니다.

수년 전 구라파 여행 때 방문하였던 교회가 생각납니다. 독일 '쾰른'에서 런던으로 가는 열차를 탈 예정이었습니다. 시간이 좀 있어 주위를 둘러보려고 역사를 나오니 광장 건너에 웅장한 고딕양식의 성당이 있었습니다. 때마침 떠오른 붉은 해가 성당의 정문을 비치고 있어 끌리듯 발길이 옮겨졌는데 놀랍게도 문이 열려 있었습니다. 까만 테를 두른 붉은 신부복을 입은 신부님이 만면에 인자한 웃음을 띠고 주춤거리는 우리를 맞아주었습니다. 이른 아침시간에 정장을 한 신부님의 안내를 받은 우리는 신부님이 영어를 얼마나 잘 하시는지 다시 놀랐습니다. 그날 영어를 하는 신부님을 만나게 된 것은 정말 큰 행운이었습니다.

이 성당이 바로 유명한 '쾰른' 돔 성당으로 1248년 기초가 놓여진 이래 750년 동안 수많은 건축가들의 손으로 건축된 정교하고 아름다운 세계 10대 고딕성당 중 하나인 성당입니다. 건축재원조달의 어려움으로 중단되기도 했지만 건축기간만 650년이나 걸렸다는 성당 내부의 아름다움은 감격적이었습니다. 태양빛에 반사되어 화려하게 투영되는 모자이크 창들이 연출하는 실내 분위기가 압권이지만 세 동방박사의 순금장식판 등 보물이 많았습니다.

세계적인 문화유산인 이 성당은 제2차 세계대전 때 독일이 프랑스에 이 성당만은 폭격하지 말기를 협약하였다는 것으로도 유명합니다. 이 교회가 더욱 인상 깊었던 것은 건축에 사용된 50여 종의 자재 중에 화강암 사암 편암 등은 풍화에 부분적으로 크게 부실되어 지금도 계속 보수공사를 하고 있다는 것입니다. 일전에 익스패티파이닷컴(Expatyfy.com)이라는 곳에서 '세계 분쟁'이 일어났을 때 가장 안전한 나라 10곳을 발표하였습니다. 첫째가 뉴질랜드, 둘째가 부탄이 차지했는데 그 이유는 둘 다 지형적으로 가장 고립된 국가라는 것이었습니다. 이어 아이슬란드, 투발루, 핀란드, 세이셸, 캐나다, 파푸아뉴기니, 코스타리카, 스위스가 차례로 수에 들었습니다.

이번 아이린 폭우로 인해 워싱턴시의 650년 된 기념교회가 금이 가고 파손되었다고 합니다. 교회의 안전을 지키는 이는 인간이 아닌 것입니다.

가장 안전한 곳은 고립되었거나 쉬임없이 보수하는 외형적인 교회가 아니라 내가 하나님 안에 거할 때라고 깨달아집니다.

'나의 생전에 선하심과 인자하심이 정녕 나를 따르리니 내가 여호와의 집에 영원히 거하리로다' (시 23:6)

여자 장로

캐나다 장로교단에 한국인 여자장로는 나 혼자일 것입니다. 이성갑 목사님이 한·카 노회를 결성하고 탈퇴하기 전까지 런던 한인교회는 같은 노회소속이었으나 교단에서 허락하는 여자장로를 선출하지 않고 노회를 떠나게 되어 더 이상 한국인 여자 장로는 없을 것 같습니다.

캐나다 한인 이민역사가 반세기가 지나고 한국교회가 토론토에만도 2백 개가 훨씬 넘는 이 시점에서 유일한 여자 장로라는 직분은 많은 것을 생각하게 합니다. 사실 나는 '장로'라 불리는 것을 별로 좋아하지 않습니다. 한국교회와는 개념상의 차이도 있을 뿐만 아니라 시무를 떠난 지도 오래되었기 때문입니다. 꼭 호칭이 필요하다면 장로보다는 엘더(Elder)라고 하는 편이 좀 편합니다.

40여 년 전, 처음 캐나다에 왔을 당시 영국 런던을 본따서 세웠다는 런던의 인구는 18만 6천 정도였고 그 중 한국인은 20가정도 채 되지 않았습니다.

어른의 말을 잊을 정도로 아이들에 둘러싸여 분주하던 어느 날 교회 개척을 하던 세실 커크(Cecil Kirk) 목사님이 우리 집 문을 두드렸습니다. 나는 언어뿐만 아니라 차편이나 여러 여건이 도저히 교회에 나갈 형편이 못되었습니다. 연구에 바쁜 남편은 주말에도 학교에 나가곤 하였습니다. 그러나 매주일 커크 목사님은 교회로 빌려 쓰던 초등학교 강당에 목사님 가족들을 먼저 데려다 놓고 다시 와서 우리들을 태워 가곤했습니다. 추운 겨울에 어린 자녀들을 강당에서 기다리게 하고 때로는 우리 아이들의 옷까지 입혀 주면서 열심히 교회에 데려 가 주었습니다. 커크 목사님의 사랑이 나를 장로가 되게 한 씨앗이며 어려운 이민생활을 신앙으로 극복하게 한 원동력이라 생각합니다. 그 사랑의 교훈은 훗날 내가 주안에서 어떤 일을 맡던지 '거저 받았으니 거저 주어라'고 나를 일깨워 주었습니다.

처음엔 목사님의 설교를 나는 전혀 알아들을 수 없었습니다. 집에 돌아오면 영·한 성경을 펴 놓고 주보에 나와 있는 성경구절을 찾아 몇 마디 알아들은 단어들과 짜 맞추기를 해가며 성경공부를 다시 했습니다. 그러다가 하루는 용기를 내어 설교 원고를 빌려 달라고 목사님께 청을 해 보았습니다. 목사님은 깨끗하게 타자로 친 설교 원고에 인용한 성구까지 첨부해 주며 격려해 주었습니다. 매주 수요일에는 런던노회에 속한 성경공부반에도 열심히 참석시켜 주었습니다. 7년 후, 커크 목사님이 떠날 즈음에 나는 소그룹 성경공부를 인도할 만큼 열심히 성경공부를 했습니다.

1984년 봄에 장로로 피택되었을 때 나는 성경적(딤전 2:12, 고전 14:34)이 아니라고 장로 위임을 수락하지 않고 완강하게 버텼습니다. 그러나 당회장 존 허만(John Herman) 목사님의 마지막 권면이 나의 생각을 완전히 바꾸어 놓았습니다. 장로는 하나님의 일을 위한 하나님의 부르심이며 하나님이 필요해서 일을 맡기는데 순종하지 않겠느냐면서 설득하신 것입니다.

요즘 남편은 한국교회 장로(런던 제일장로교회)이고 나는 캐나다교회 여자 장로가 되어 장로의 사명과 갖추어야 될 자질과는 별도로 가끔 서로를 비교해 봅니다. 존 허만 목사님의 말에 의하면 당회에 여자 장로들이 있으면 장로들의 말씨가 조심스럽고 분위기가 부드러워진다고 합니다. 한국교회에서 때로 얼굴이 붉어지거나 고성이 새어 나오는 당회 모습과는 엇갈리는 대목입니다. 나의 의견으로는 적어도 교인의 반 이상이 여자인데 여자도 당회에 참석하여 교회의 여러 계획이나 당면 문제 등에 긍정적으로 관여할 수 있게 하는 것이 바람직하지 않을까 생각됩니다.

캐나다 장로 교단에서는 목사는 Teaching Elder(교육 장로), 당회원은 Ruling Elder(치리 장로)라 합니다. 부르심을 받은 자에게 요구하시는 것은 충성이라 하였습니다.

남자든 여자든 받은 달란트대로 겸손히 주를 섬기는 것이 옳은 일이라 생각합니다.

'네가 진리의 말씀을 옳게 분변하며 부끄러울 것이 없는 일꾼으로 인정된 자로 자신을 하나님 앞에 드리기를 힘쓰라(딤후 2:16)(Be diligent to present yourself approved to God, a worker who does not need to be ashamed, rightly dividing the word of truth.)'

대보름달과 기원

그렇게 오랜 시간 달을 쳐다 본 것은 내 일생에 처음입니다.

자그마치 세 시간, 중천에 뜬 달이 이제 서서히 돌아설 준비를 하는 자정까지 나는 식당 전면유리창 앞에 붙어 서서 달을 쳐다보았습니다.

올해 정월대보름달은 보기 드문 만월이었습니다.

구름 한 점 없는 진남빛 창공에 조금도 이지러지지 않은 둥근 달이 천천히 얼굴을 내미는 것을 보면서 이미 감격과 찬사의 달맞이를 한차례 하고 났는데, 아홉시부터 전면월식이 있다는 뉴스를 듣게 되어 다시 창 앞으로 다가선 것입니다.

왼쪽 아래 부분에서부터 실낱같은 검은 띠로 천천히 덮여지던 달은 꼭 한시간만에 드디어 항라처럼 부드러운 까만 베일로 완전히 가려지고 사방이 캄캄해지는 것이었습니다.

내가 서 있는 지구의 그림자가 그늘을 지어 달이 어두워진다니 동화같이 신기한 일이 아닐 수 없습니다. 믿기지 않아 발을 이리저리 옮기며 내 발그림자를 내려다보기도 했습니다.

잠시 하늘거리는 망사에 쫓기듯 아주 부드러운 금빛이 표면에서 흐느적대더니 달은 이지러지던 순서를 이번엔 거꾸로 오른쪽 위에서부터 서서히 두시간만에 제 모습을 다시 찾았습니다. 한번 씌워진 검은 망사가 벗겨지는 데는 꼭 두 배의 시간이 걸린다는 사실도 신기하기만 했습니다.

대보름달이 공중 쇼를 하는 이 세시간 동안 눈은 달에 둔 채 내 머리 속엔 여러 가지 상념들이 오고 갔습니다. 달맞이를 하던 어릴 적 고향산천이 그림처럼 눈앞을 스쳤습니다.

그때 대보름달은 수줍어서 제 얼굴을 다 드러내지 못하고 열나흘 달이 더 크고 밝다고 했던 것 같습니다. 정월 대보름에 밝은 달을 바라보며 마음속 소원을 기원하면 이루어진다는 풍속대로 오늘도 많은 사람들이 크고 작은 소박한 소원을 기원했을 것입니다. 나도 딱 한번 달을 보고 소원을 기구했던 기억이 있습니다. 중학교 입학시험을 치던 해 어머님이 시키시는 대로 달을 보고 무언가 입속으로 웅얼거리곤 부리나케 도망쳐 들어 왔었습니다. 내 소원을 꼭 달이 이루어 준다고 믿기 보다는 선택이 필요한 인생의 갈림길에서 마음에 쌓인 긴장감을 털어내는 정도의 편안함을 얻는 것이 목적이 아니었을까 생각됩니다.

아무도 기원이 이루어지지 않았다고 해서 원망하거나 노하는 것을 본적이 없으니 이는 분명 대상에 대한 절실한 신뢰가 아닌 힘없는 민초들의 순박한 풍속일 뿐이었을 것입니다. 달을 보라고 손가락으로 가리켰더니 달은 보지 않고 손가락만 바라본다는 말이 있습니다.

왜 그런지 지난 일생은 빛을 바라보는 순수한 이상보다는 눈앞의 손가락이 움직이는 의미나 원리를 찾기에 더 분주했던 삶이 아니었는지 되돌아보게 됩니다. 검은 구름에 싸이듯 절망과 슬픔으로 괴로워하는 이웃을 그냥 지나친 경우가 얼마나 많은지, 갈급한 이에게 손 내밀어 잡아주는 대신 나 자신의 일이 더 급하다 핑계댄 이기심은 또 얼마나 컸을까.

밝히 내보이기보다는 덮고 싶어지는 것이 더 많은 내 모습이 부끄럽기 한이 없습니다.

순간 달을 내기도 하시며 덮기도 하시는 섭리의 손길이 대보름달 보다 더 밝게 온몸에 비쳐왔습니다. 그 큰 빛, 내 머리털 한 올까지도 밝히 드러내는 눈부신 그 빛. 마음속 구석까지 깊이 통찰하는 참 빛을 향해 불현듯 올해엔 나도 소박한 기원을 드리고 싶어졌습니다.

나의 문학후배를 비롯하여 오늘 달을 보고 간구하는 선한 민초들의 순박한 소원에 귀를 기울이사 마땅히 빌 분을 만날 수 있는 축복도 내려 주시옵소서.(롬 8:26)

창공에 드높은 보름달은 마음을 비취는 거울인 것을 오늘에사 깨달았습니다. 아무리 먹구름에 가려져도 휘장 뒤엔 분명히 밝은 달이 있다는 진리를 확인하는 순간 달을 지으신 이가 화안하게 미소를 짓고 계신 듯 했습니다. 이제 대보름달은 뒤돌아봄도 없이 저만큼 돌아가 있습니다.

넘치는 사랑

첫눈이 내리면 사람들의 마음은 공연스레 들뜹니다.

얼굴에 닿는 대기는 차가운데 눈을 녹이는 열기가 마음속 깊은 데서 솟구치는 듯합니다.

'사랑'이라는 낱말을 가장 흔하게 들을 수 있는 계절이 그 열기 따라 시작되는 것입니다. 흔하게 들을 수 있다는 것은 계절 때문만이 아니라 거의 모든 계층의 사람들이 대상을 가리지 않고 쉽게 사용하는 수식어가 되어버린 탓이기도 합니다.

'사랑'의 뜻풀이에는 "아끼고 위하는 따뜻한 마음, 자애" "남녀가 서로 애틋이 그리는 일, 그 애인, 연애" "동정하여 친절히 대하고 너그럽게 베푸는 마음" "육정적 감각적이 아닌 동정, 긍휼, 구원" "행복의 실현을 지향하는 정념, 박애, 자비" 등으로 되어 있습니다.

또한 구어에서는 대체로 '아주 좋아한다' '애호한다'처럼 취미와 기호를 표현하는 말로 폭 넓게 쓰이는 것을 알 수 있습니다.

앙증맞게 두 팔을 머리위로 올려서 하트모양을 만들고 '엄마 아빠 사랑해요' '선생님 사랑해요' '사랑하는 국민 여러분'까지 우리 주위에선 '사랑해'가 끊이지 않고 넘쳐납니다.

북미주에서 '사랑'은 위에 열거한 모든 뜻을 다 함유한 일상용어로 누구에게나 친근하고 편리하게 사용하는 언어이지만 아직도 동방예의지국의 범상한 아녀자는 '사랑해요'라는 말에 얼굴을 붉힐 때가 많습니다. 사랑은 표면에 나타내 보이는 것이 아니라 마음 깊은 곳에 감싸두는 은밀한 보석이라 여기는 때문입니다.

어느새 숨 가쁘게 달려 온 시간의 저 끝에 성탄절이 다가서고 있습니다. 사랑의 종교라는 크리스천의 '사랑'이란 어떤 것인지 실상으로 알고 싶은 계절입니다. 아침에 읽은 '타임' 잡지의 흥미로운 기사 하나가 나로 하여금 많은 생각을 하게 합니다.

미국 텍사스 주에 있는 브라운펠스(Braunfels)공립 고등학교에서 성서 문학 강좌를 개설한 결과 아주 활기차고 성공적인 인기과목이 되었다는 것입니다. 이제는 미국 전역 37주의 460지역 고등학교에서 성서 강좌를 신설하여 아주 좋은 호응을 받고 있는데 그 숫자는 앞으로 점점 더 늘어 날 추세라고 합니다.

1970년대 초에 각 공립학교에서 조회시간에 주기도문을 외우지 못하게 하고 종교적 교육행위를 금한 이래 오름 길로만 달리던 청소년 범죄율이 그 후로 확실히 줄었다고 합니다.

공립학교에서 성경을 가르치는 것은 합헌적이며 성경은 서구문화의 기반이므로 설교가 아닌 지식으로 가르쳐야 한다는 여론이 날로 높아지고 있다고도 했습니다.

가장 흥미로운 것은 '왜 이 과목을 택했는가' 에 대한 비신자학생의 인터뷰기사였습니다.

'만약 크리스천 친구들이 복잡 미묘한 대화를 걸어오거나 논쟁을 벌일 때 나는 멍텅구리로 보이거나 혹은 무작정 내 생각을 끝까지 고집하고 싸우기보다는 그들이 말하는 것이 무엇인지 알고 싶었다' 고 그는 대답했습니다.

이 기사는 실제로 '크리스천의 사랑은 어떤 것이냐' 고 묻는 이가 있다면, 언제 어디서나 편안한 웃음을 띠고 대답해 줄 능력과 준비가 되어 있는지 나를 돌아보게 하였습니다.

허둥지둥 '사랑의 책' 이라 일컫는 요한복음을 펼치고 주의 깊게 정독하였습니다.

'하나님이 세상을 이처럼 사랑하사 독생자를 주셨으니…' 를 시작으로 책 전 권에는 49번의 '사랑' 이 언급되어 있었습니다.

하나님이 인류를 향한 사랑, 예수님의 제자와 인간에 대한 사랑, 하나님의 사랑을 인류에게 전할 것을 명령하는 주님의 사랑으로 대별되어 있었습니다.

우리가 이웃에게 전할 사랑에 대해 사도 바울은 다음과 같이 일러 주었습니다.

'지식에 넘치는 그리스도의 사랑을 알아 그 넓이와 길이와 높이와 깊이가 어떠함을 깨달으라' (엡 3:18)

크리스천의 사랑은 내 안에 주를 아는 지식으로 차고 넘쳐 행동으로 이웃에 전해지는 완전한 사랑이라 생각됩니다.

미션 파서블 (Mission Possible)

평화 시에 막중한 전투 훈련이 왜 필요하냐는 질문에 전 대령은 이렇게 대답하였습니다.

'격렬한 전투지역에 고립된 부대가 있어 식량과 탄환을 긴급하게 보급해야 할 상황에 놓여 있다고 가정할 때 정확하게 임무를 수행할 수 있는 책임감 성취는 훈련 없이는 어렵습니다.'

총알이 빗발치는 사선을 통과할 담력이나 의기, 충성심은 평소의 훈련 없이는 얻을 수 없다는 답변이었습니다.

한동안 무척 즐기던 TV프로에 미션 임파서블이란 것이 있었습니다.

그야말로 목숨을 내걸고 장애물이나 적진을 돌파하여 비밀한 임무를 수행하는 박진감 넘치는 화면에 두 주먹을 움켜쥐고 긴장하였던 적이 많았습니다.

선교(Mission)하는 일이 적지에 포위된 장병들께 필수 보급품을 전하는 일과 대비되는 것은 치열한 영적 싸움터에 생명수를 전하는 사업과 유사하기 때문일 것입니다.

10여 년 전, Y지역에서 앞을 가로막는 숱한 장애물을 직접 당면하기도 하고 그런 악조건을 역이용하는 지혜로운 분들을 도우며 동행한 적이 있었습니다.

교통수단이라고는 낡아서 털털거리는 버스가 주종을 이루는 어느 지역에서였습니다.

한 권의 성경책을 찢어 나누어 밤새 읽은 후 돌려가며 읽는다는 애타는 호소에 등사기를 마련해 준 인연으로 문서선교회와 관련을 지어 온 변방의 작은 도시였습니다.

도저히 허용된 일정 내에 다녀올 수 없는 먼 거리라 난감해하고 있는데 주인이 전세차를 한 대 준비하였다고 희색이 만면이었습니다.

버스 한 대를 통째로 끌고 온 운전수는 종일 제 노선을 몇 바퀴 돌아도 그만한 현금은 만질 수 없다고 하였습니다. 적은 돈이 얼마나 큰일을 해 낼 수 있는지 웅변으로 실감하였습니다. 그 차에는 물론 차장아가씨도 있었습니다.

어제 소용돌이친 우리의 미션은 그 지역 선교사님 때문에 시작된 것이었습니다.

선교회에서 선교비를 지원하는 데는 몇 가지 규정이 있습니다. 선교회 임원 전원(현재 9명)이 참석한 모임에 선교사님이 직접 오셔서 선교보고를 해야 하고, 9명 전부의 찬성으로 지원하도록 정하였습니다.

특별한 예외가 없지는 않으나 27년간 많은 분들을 도왔습니다. 전원이 모두 한자리에 모인다는 일이 결코 쉬운 일이 아니었습니다. 하지만 사흘 후에 떠나신다니 하루 사이에 전원을 모이게 연락하는 일은 보통 어려운 일이 아니었습니다.

결국 토론토 지역에 사는 대부분 임원들의 사업이 끝나는 시간에 맞추어 교통이 편리한 한 장소에서 모이기로 하고 우리가 토론토 행을 하기로 하였습니다.

남편은 몇 개월 전 왼쪽 눈의 백내장 수술결과가 좋지 않아 운전을 쉬고 있는 중이었습니다. 비는 왜 그리 내리던지 회의를 끝내고 나오니 아예 폭우가 쏟아지고 있었습니다.

어두운 밤에 비까지 쏟아지니 앞이 보이지 않았습니다. 차선이 보이지 않으니 엉금엉금 기어가는데 양 옆으로 쌩쌩 달리는 차가 머리털을 곤두서게 하였습니다.

뒤에서 따라오던 차가 빵빵 경적을 울려대는 통에 쫓기듯 지방도로로 들어섰습니다.

그로부터 족히 4시간. 구불구불한 좁은 길은 이쪽으로 틀면 오른쪽 도랑에, 저쪽으로 틀면 왼쪽 밭두덩에 빠지는 연속이었습니다. 억수같이 쏟아지는 빗줄기는 이제 남편의 이마로 내 등줄기로 땀 고랑을 이루며 흘러 내렸습니다.

마침내 집에 도착했을 때 그 희열은 온몸에 퍼부어대는 빗줄기의 세찬 기세로도 식힐 수가 없는 것이었습니다. 책임 완수의 기쁨은 문득 또 다른 기쁨을 가져 왔습니다.

이 선교비는 5천 5백여 명의 '오늘의 양식' 식구들의 정성어린 헌금입니다. 아니 그들을 중심으로 더 많은 가족들이 어떤 모습으로든 정성으로 보내준 사랑의 선물이라는 깨달음은 우리 모두가 선교에 참여하는 만민제사장이라는 믿음의 틀을 만들어 주었습니다.

미션은 언제나 가능하다는 확신에 깊은 감사를 곁들입니다.

몸 값

책을 읽거나 생각이 모아지지 않을 때 따끈한 커피 한 잔 음미하는 때가 종종 있습니다. 나의 값어치는 정말 잔에 담겨 있는 커피 한 잔 값만도 못한 것일까? 신문을 다시 봅니다.

사람 몸의 무기질 요소들만 모아서 가격으로 따지면 1달러에도 못 미친다는 것인데, 아주 오래 전에는 사람의 몸에서 유기성분만 모으면 손바닥만 한 빨래비누 한 장 겨우 만든다는 기사를 읽었습니다. 더욱 놀라운 것은 사람의 영혼의 무게는 평균 21그램(라면 한 젓가락의 무게)라는 어느 유명인의 글이 소개된 것입니다. 영혼의 무게를 수치로 재다니 놀랍기만 했습니다.

도대체 무슨 방법으로 측정하여 어떤 표준단가로 계산 한 것인지는 잠시 미루어놓고, 물질로 환산한 사람의 몸값이 너무 헐값이라는데 실망과 반감이 솟구쳤습니다. 사고와 감성과 영혼 같은 형이상학적인 문제는 일단 접어두고, 몸값을 올릴 수 있는 요소가 더는 없을까 두루 살펴보다가 가장 상식적인 사실을 발견하였습니다. 사람의 몸은 70퍼센트 이상이 물이라고 합니다. 수정란 때는 99퍼센트, 막 태어났을 때는 90퍼센트, 완전히 성장하면 70퍼센트가 물이라고 알려져 있습니다. 우리 몸속의 물을 50퍼센트 잃으면 죽음에 이르며, 물질적으로 인간은 물이라고 하기도 합니다. 비타민, 무기질, 기타의 첨가물을 첨가하지 않은 순수한 생수 1리터는 평균 1달러 50센트에 시판되고 있었습니다.

성인의 몸무게를 50킬로그램으로 치고 산술적인 계산을 해보면 35리터가 물임으로 대략 52달러 50센트가 됩니다. 보통 사람은 하루에 마시는 물과 배설, 손실되는 물의 양을 조율하고 균형을 이루기 위해 약 8리터의 물을 보충해야 된다고 합니다. 적어도 12달러 상당의 물을 매일 마셔야 된다는 이치입니다.

일본학자 '에모토 마사루' 씨는 물을 얼려서 결정체를 현미경으로 관찰하여 여러 가지 물의 속성을 보여주는 이색적인 연구를 하였습니다. 흐르는 자연수의 결정체가 가장 아름다운 육각형의 모습을 나타내며 사랑, 평화, 기쁨 같은 글자를 써 보여주거나 음악을 들려주면 육각형이 서로 어울려 아름다운 모양을 나타내기도 하는 등 정서적 교류도 할 수 있다고 발표하였습니다. 고인 물이 물의 죽음을 의미하듯 몸속의 물 또한 순환이 잘 되어야 건강을 유지할 수 있음은 물론입니다.

오늘날 정수기를 설치하고 깨끗한 생수를 마시려고 열성을 기울이는 것은 물이 생명의 원천이며 건강유지의 필수 요소이기 때문일 것입니다. 문득, 몸속에 순환하는 물이라니 그걸 붉은 '피'로 환산한다면 어찌 될까. 혈액형이 같아야 되고, 병균이나 세균감염이 없는 순수하고 맑은 피, 그리고 알에치 팩터(Rh Factor)까지 일치해야 되는 한 방울의 피는 생사의 갈림길에서 생명을 소생시키는 결정적 요소가 되기도 합니다. '피'로 값을 계산하면 사람의 몸값은 물값보다 훨씬 상승할 것이 틀림없습니다.

셱스피어의 걸작 '베니스의 상인'이 떠오릅니다. '안토니오'의 절친한 친구 '베사니오'는 아름다운 여인 '포시아'에게 청혼하러 가기 위해 돈이 필요했습니다. '안토니오'는 친구를 위해 유대인 고리대금업자 '샤일록'에게 300다켓의 돈을 빌렸습니다. 담보조건은 심장에서 가장 가까운 부위의 살 한 파운드를 주는 것이었습니다. 시일을 어긴 '베사니오'는 빌린 돈의 열배를 주겠다고 하나 미운 '안토니오'에 대한 복수심에 불타는 '샤일록'은 끝내 살 한 파운드를 요구하며 재판을 하게 되었습니다. '포오샤'의 명 판결은 "살 한 파운드만 가져가고 피는 한 방울도 가져가지 마라"였습니다. 피 한 방울의 값은 삼천 다켓보다 많고 생명과 버금가는 액수인 셈입니다. 다켓의 가치가 정확히 얼마인지 모르나 두 친구의 몸값은 분명 물값보다는 엄청나게 큽니다. 그런데 엉뚱한 생각이 머리를 스쳤습니다.

우리 몸의 형체나 상태 또한 몸값을 결정해 주는 요인이 되지 않을까. 건강한 몸에 건강한 정신이 깃든다는 말이 있습니다. 몸이 정신이나 감성 영혼 등을 담는 그릇이라는 표현에 따르면 그릇의 모양은 그 기능을 다할 수 있게끔 조형되어야 하지 않을까 하는 생각에서입니다. 오관은 물론, 모든 지체가 바른 자리에 건강하게 붙어 있어야 합니다. 또한 우리 몸은 뼈와 살과 힘줄과 수많은 신경세포가 세밀하게 연결되어 조성된 최고의 명품입니다.

세계 70억의 명품은 하나도 같은 것이 없는 희귀종. 그중에서도 유일한 진품이니 우리의 몸값은 결코 돈으로는 계산할 수 없이 엄청나다는 확신이 듭니다.

우리 몸은 하나님의 전이며 피값으로 사신 바 된 보배입니다.

꽃과 어린이

'꽃과 인간의 환희'라는 주제로 정발산 호수공원에서 세계 꽃 박람회가 열리고 있었습니다. 며칠 동안 주룩거리던 봄비가 반짝 개이고 모처럼 만에 새파란 하늘과 호수에 햇빛이 쨍하고 내려 쪼이는 맑은 날씨였습니다.

만국기를 흔들어 대던 바람이 실금 같은 쪽빛파도를 타고 호수를 넘나들면서 사방에서 오색 꽃향기를 실어다가 멋대로 흩뿌리고 있었습니다. 희귀 꽃 전시관에는 세계에서 가장 큰 꽃이라는 라플레시아(지름 1미터, 무게 10킬로그램)가 꼭 플라스틱으로 만든 조형 꽃 같이 엄청난 크기로 버티고 있었습니다. 1만 2천 본의 장미가 꽃 중의 여왕임을 자랑하는가 하면 튤립정원에는 20만 송이나 되는 튤립, 백합, 알리움 등의 꽃들이 서로 어울려서 화려하고 아름다운 꽃동산을 이루고 있었습니다.

꽃은 언제나 주위를 밝고 아름답게 해 주고 나의 마음을 기쁘고 즐겁게 해 줍니다. 꽃을 무척 좋아하는 나는 많은 꽃을 정원에 심고 가꾸었습니다. 아무리 같은 종류의 꽃이라도 똑같은 꽃은 하나도 없다는 사실을 이때 알게 되었습니다. 햇빛을 받는 각도, 시간, 햇빛의 양, 위치 등에 따라 꽃잎의 모양이나 색깔, 크기가 달라지고 또한 내가 쏟는 정성에 따라서 꽃은 다 다르게 됩니다.

환성을 지르며 꽃밭사이를 뛰어 다니는 유치원생들의 불그레하니 상기된 얼굴이 마치 걸어 다니는 꽃송이들 같다는 생각이 들자 문득 어린이날이 멀지 않았다는 사실도 함께 떠올랐습니다.

사람 꽃 어린이(자녀)는 어떻게 키워야 좋을까 잠시 생각해 보았습니다. 모든 부모님들이 자녀를 훌륭하게 키우기를 열망하고 좋은 조언을 구하기도 합니다. 여러 학자들이 여러 가지 학설과 주장과 방법을 제시하지만 나는 주를 믿는 자녀의 모델을 예수님에게서 찾았습니다.

'예수는 그 지혜와 그 키가 자라가며 하나님과 사람에게 더 사랑스러워 가시더라' (눅 2:52)

잠언은 우리의 자녀들을 지혜롭게 기르는 모든 교훈을 담고 있습니다.

'여호와를 경외하는 것이 지식의 근본이어늘 미련한 자는 지혜와 훈계를 멸시하느니라. 내 아들아 네 아비의 훈계를 들으며 네 어미의 법을 떠나지 말라 이는 네 머리의 아름다운 관이요 네 목의 금 사슬이니라' (잠 1:7-9)

그런데 우리가 더욱 주의하여야 할 것은 예수님이 지혜가 자라가며 하나님에게만 사랑을 받은 것이 아니라 사람에게도 사랑을 받았다는 사실입니다. 이것은 예수님이 생육신하셔서 사람들과 생활할 때 또한 바른 윤리도 지켰다는 뜻이 됩니다.

'자녀들아 모든 일에 부모에게 순종하라 이는 주안에서 기쁘시게 하는 것이니라' (골 3:20)

그렇다면 부모의 책임은 무엇입니까?

'아비들아 너희 자녀를 노엽게 하지 말고 오직 주의 교양과 훈계로 양육하라' (엡 6:4)

어린이는 부모의 행실을 그대로 배운다는 것을 깊이 깨달아 늘 자신을 먼저 돌아보아야 할 것입니다.

'여호와의 미워하시는 것 곧 그 마음에 싫어하시는 것이 육칠 가지니 교만한 눈, 거짓된 혀, 무죄한 자의 피를 흘리는 손, 악한 계교를 꾀하는 마음, 빨리 악으로 달려가는 발, 거짓말하는 망령된 증인 및 형제사이를 이간하는 자' (잠 6:16-19)

우리는 우리의 자녀들이 키가 크고 지혜가 자라가며 하나님과 사람에게 더 사랑스러워 가도록 양육하여야 되며 꽃과 같이 모든 주위에 기쁨과 즐거움을 주는 귀한 존재로 키워야 할 것입니다.

그리고 또한 우리는 모두가 하나님의 택하신 귀한 자녀들이라는 것도 잊지 말아야 할 것입니다.

들꽃처럼

며칠 전 어느 애독자 한 분의 초청을 받아 그의 작업장에 가 본 적이 있었습니다.

그분은 비단 헝겊에 물감을 들여서 여러 가지 꽃을 만드는 수조화(手造花) 전문가로 방안에는 거의 실물과 다름없는 여러 가지 꽃들이 유리 상자에 담겨서 잔뜩 진열이 되어 있었습니다. 그 중에는 거의 멸종이 되어 국립산림청에서 수억 원의 경비를 들여 보호 육성하고 있는 광릉요강꽃 같은 특이한 꽃도 있었지만 대개는 한국의 산이나 들에서 흔히 볼 수 있는 야생화들이었습니다.

금강초롱꽃, 범부채, 빼꾹나리, 해오라비란 같이 이름도 모르고 그냥 지나쳤던 꽃들이 얼마나 아름다운지 새삼 감탄하였습니다.

꽃에 마음이 있다면 어떤 것일까, 실없는 상상을 해보다가 마음의 아름다움이 얼굴에 나타난다는 성인의 말씀대로 분명히 그것은 사랑의 원형이리라는 생각을 했습니다.

학문적으로 꽃이란 관상가치가 있어 아름다움과 정서적 위안을 주는 식물의 생식기관이라고 합니다. 꽃가루를 옮겨주는 방법에 따라 충매화(벌, 나비 같은 벌레에 의해 수분이 이루어지는 꽃), 혹은 풍매화(바람에 의해 수분이 이루어지는 꽃) 등으로 나누어지는데 어떤 꽃이던 씨가 떨어진 자리에 뿌리를 내린 후엔 이동할 수가 없습니다. 비바람이 몰아치고 혹심한 가뭄이 와도 종자의 번식을 위해 그저 묵묵히 하늘의 뜻에 순응하면서 모든 어려움을 참고 견뎌야만 하는 것입니다.

마침 아침에 읽은 일본인 '이나가키 히데히로'의 '잡초의 성공전략'이라는 책이 떠오릅니다. 그는 잡초의 질긴 생명력을 여러 가지로 분석 표현하였는데 잡초가 척박한 환경을 서식지로 선택한 이유를 다음과 같이 기술했습니다.

즉 양지바른 들판에서 키 큰 관목과 경쟁해 승리하는 건 불가능하지만 보도 블럭사이나 철로변이라면 상황은 역전된다는 것이었습니다. 힘겨운 환경이 이미 경쟁자를 제거한 이런 곳이 잡초에겐 자신의 생존능력을 과시할 가장 좋은 곳이어서 '위기는 못 가진 자들에겐 기회가 된다'는 것을 잘 말해주고 있었습니다. 그는 또 잡초의 연약하지만 끈질긴 생명력은 겸허한 자기반성과 현실에 바탕한 치밀한 전략 덕이라고 말하는데 그 전략들을 살펴보면:

1. 사고의 파격 : 나무는 해를 향해 곧고 바르게 자라야 한다는 고정관념을 깨고 높이 경쟁에서 승리할 가능성이 없다고 판단한 잔디와 클로버 등은 일찍 자라는 파격을 연출합니다.

2. 인내 : 잡초는 다른 식물처럼 정해진 시간에 싹을 틔우지 않고 주위환경에 따라 유동적입니다.

어떤 종자는 지상에서 경쟁자가 사라질 극적변화를 기대하면서 20년을 땅속에서 느긋하게 잠을 잔다고 합니다. 또한 잡초종자는 추위를 겪은 직후에 나타나는 따뜻한 날씨에만 반응하도록 되어있다고 합니다.

3. 영리한 전략 : 큰 꽃 하나 대신 작은 꽃 수백 개를 만들어 극한 상황에 대비합니다. 풍요로울 땐 무더기로 피우되 빈곤할 때는 미세한 꽃 하나로 종자번식의 목표를 달성하려는 영리한 전략입니다.

4. 자동자기수분 : 곤충이 꽃가루를 옮기지 못 할 것에 대비해 자기 꽃가루를 자기 암술에 묻히는 자동자기수분 구조를 가지고 있습니다.

오로지 종자번식의 목적을 위한 잡초의 전략들을 읽다가 하나님이 믿는 자들을 향해 가지신 목적 - '땅 끝까지 하나님의 자녀(제자)로 채우는' -전도 전략을 대입해 보았습니다.

'너희는 가서 모든 족속으로 제자를 삼아 아버지와 아들과

성령의 이름으로 세례를 주라' (마 28 :19)

이런 전도 전략이 나올 수 있을 것 같습니다.

1. 전도에는 정해진 격식이 없습니다. 주위 환경에 따라 슬기로운 방법으로 전도를 해야 될 것입니다.

2. 인내하면서 때를 얻던지 못 얻던지 열심을 품고 전도해야 될 것입니다.

3. 전도 대상을 한 사람으로 국한시키지 말고 만나는 사람마다 전도해야 될 것입니다. 한 영혼을 구할 때 하늘나라에서는 기쁨의 잔치가 벌어집니다.

4. 사탄의 공격 같은 최악의 때를 대비하여 나 자신이 항상 믿음의 전신갑주를 입어야 할 것입니다.

우리는 들꽃 같은 아름다운 마음을 가지고 누구에게나 잡초 같은 끈질긴 전략으로 슬기롭게 전도를 해야 될 것입니다.

면류관 얻기까지

나는 주일에 될수록 일찍 교회에 가기를 좋아합니다.

예배가 시작되기 전에 숨을 고르고 마음의 평정을 얻으려는 이십여 분간의 이 시간이 새로운 용도로 채워지게 된 것은 최근의 일입니다.

얼마 전, 일주일간의 우주정거장 임무를 성공적으로 완수하고 지구로 귀환하던 우주선 '콜럼비아호'가 공중에서 폭파되어 우주인 7명이 모두 산화되는 참사가 일어났습니다.

도착예정지인 미국 플로리다에서는 성대한 환영준비를 마치고 기다리는 중이었습니다.

그러나 목적지에 도달하기 15분 전, 대기권에 진입한 우주선은 많은 사람들이 바라보는 눈앞에서 폭파되어 파편과 잔해를 거의 미국 남부의 전 주(全 州)에 흩뿌렸습니다.

정확한 원인은 모르지만 떠날 때부터 있었던 왼쪽 연료탱크의 작은 틈새가 대기권을 지나면서 굉장히 높은 마찰열을 일으킨 때문으로 추정하였습니다.

같은 시간에 브라질 단기선교를 마치고 토론토공항에 도착한 나는 공항청사 내에 설치된 TV를 통해 그 광경을 보면서 또 다른 두려움으로 몸이 떨렸습니다.

최고의 두뇌와, 최고의 기술과, 막대한 경비를 들여 최고의 정밀한 작업에 의해 얻어진 그 모든 업적이 목적지에 도착하지 못하고 한순간에 헛수고가 되고 마는 사실이 우리의 신앙생활과 대비되면서 나를 다시 돌아보게 하는 각성을 일으켰기 때문입니다.

그리스도인들은 보혈의 공로로 대속함을 얻고 또한 부활승천으로 말미암아 사망권세를 이기고 영생의 언약을 받은 복된 자녀들입니다. 그러나 우리가 자녀의 삶을 게을리할 때 하나님과의 사이엔 보이지 않는 작은 틈이 생기게 됩니다. 신앙생활에서 이처럼 아주 하잘 것 없는 작은 틈새를 허술하게 지나쳐 버린다면 우리는 언제나 넘어지고 그릇되며 결국은 파멸하고 말 것입니다.

믿음의 자녀들을 공중에서 폭파시키는 틈새는 대개 아주 작은 불신의 씨 즉 원망, 불만, 정욕, 자랑, 아첨 등이 사랑의 유대를 틈타기 때문이라고 합니다. (유다서 1:16, 19)

이 짧은 시간에 나의 신앙을 좀먹는 틈새를 찾아내려고 묵상합니다.

먼저 나 자신을 살피고… 말씀으로 경배와 찬양을 드릴 때 틈새는 단단히 막아지고 새 힘을 얻어 믿음의 경주를 힘차게 달릴 수 있게 될 것입니다.(유다서 1:20, 21)

내가 담대하게 믿음의 선한 싸움을 싸우고 나의 달려갈 길을 다 마쳤을 때 주의 보좌 앞 에는 나를 위해 예비하신 승리의 면류관들이 빛을 발하고 있을 것입니다.

불멸의 면류관(고전 9:25) 절제하면서 하나님의 사역을 충실히 한자

생명의 면류관(약 1:12) 시험을 견디는 자, 죽도록 충성하는 자

의의 면류관(딤후 4:8) 주의 오심을 사모하는 자

영광의 면류관(벧전 5:4) 하나님의 백성을 말씀으로 먹이고 양육하는 자

자랑의 면류관(살전 2:19) 영혼 구원자

빛난 면류관을 받아쓰기까지 깨어 경성하며 열심을 품고 주를 섬기라고 하십니다.

'내가 속히 임하리니 네가 가진 것을 굳게 잡아 아무나 네 면류관을 빼앗지 못하게 하라' (계 3:11)

'오늘의 양식' 30년

캐나다한인문서선교회 창립 30주년이 되었습니다.

1978년 Michigan주 Grand Rapid에 있는 Radio Bible Class Ministries(RBC)의 Richard De Haan 목사가 런던의 한 교회에서 부흥회를 인도하였습니다. 수년 전부터 병원에서 RBC의 작은 책자 'Our Daily Bread'가 회복기의 환자들에게 큰 치유력을 발휘하는 영적 감화를 일으키고 있음을 직접 경험한 송세훈 박사와 나는 이 책자를 한글로 번역하고 싶다는 의사를 밝혀 쾌히 승낙을 받았습니다. 당시 한인사회의 형편으로는 번역할 인적자원이 턱없이 부족하여 시일을 끌던 중 미국 Baltimore에 있는 벧엘(Bethel)교회의 김상복 목사님이 번역을 신청하게 되어 결국 번역권을 벧엘교회에 양도하고 지부로 남기로 하였습니다.

1983년 초, RBC와 벧엘 프레스, 캐나다한인문서선교회는 미국 디트로이트에서 합동회의를 열어 한국판의 번역과 공급본사는 '벧엘출판사'(odb)로, 한국 '오늘의 양식사'와 '캐나다한인문서선교회'는 해외지사로 위치를 고정하였습니다. 캐나다 한인문서선교회는 미국과 한국을 제외한 전 세계(중국 아프리카 러시아)에 '오늘의 양식' 책자를 보급하게 된 것입니다.

1984년 캐나다한인문서선교회는 'Korean Bible Conference'(KBC)로 온타리오 주정부에 정식으로 자선단체 등록을 하였습니다. 문서선교 외에 유사한 선교를 첨가할 수 있게 하였습니다. 임원진으로는 회장 송세훈, 원영수, 김치국, 유영일, 김동선, 손정숙, 백낙도 제씨였습니다.

미시간 주 그랜드 래피드에 있는 '라디오 바이블 클래스'는 1956년 외과의사 닥터 M. R. De Haan에 의해 수술 후 회복기에 있는 환자들의 영적 치유를 위해 시작하였다고 합니다.

사역을 시작할 당시 저자는 두 사람에 불과하였으나 현재는 3대 Martin De Haan총재를 비롯 15명의 집필진과 300명 이상의 크리스천 사역자들을 확보하고 있습니다. 세계 20개국에 사무소가 있으며 자국 언어로 번역 출간하고 있습니다. 1994년에 RBC로 명칭을 바꾸고 'Our Daily Bread'뿐만 아니라 Discovery Digest 등 많은 신앙서적을 번역하며 성가테이프, 신앙영상물 제작, 라디오 TV 방송 등 다방면의 선교 사역을 펼치고 있습니다.

벧엘출판사가 정식으로 한국판 번역을 시작한 것은 1980년

초 부터였습니다. 초창기의 한글판 '오늘의 양식'은 타자로 일주일분씩 번역 복사하여 7분간의 신앙양식으로 배포하였습니다. 순 한글판 책자로 출간되다가 초기 영한 대조판, 그리고 현재의 포켓사이즈 영한 대조판으로 발전하게 되었습니다. 현재 40명의 번역편집위원이 RBC로부터 영어원문을 수령하여 번역 편집하고, 3차의 교정과 페이지메이커, 최종교정, PDF전환의 과정을 거친 후 RBC 및 한국 '오늘의 양식사'로 전송하면 인쇄 출판 발송이 이루어집니다.

지난 2005년 벧엘교회에서 '오늘의 양식' 창간 25주년 기념식이 있었습니다. 이 자리에서 RBC총재 Martin De Haan 목사는 KBC(송세훈 장로, 김치국 장로)와 김상복 목사, Dennis J De Haan 목사, 그리고 20여 년 이상 헌신한 분들께 감사패를 수여하였습니다.

캐나다한인문서선교회는 어느 종파나 종교단체에 소속하지 않는 순수 평신도선교단체(Lay people's)이며 오직 헌금에 의해 비용을 충당한다는 원칙을 지켜오고 있습니다.

책은 비매품이나 번역비와 인쇄비, 운송비와 발송하는 비용은 선교회가 부담하여야 합니다. 처음엔 200권의 책을 친지들께 배포하고 발송비를 줄이기 위해 직접 다니며 전달해 주기도 하였습니다. 30년의 세월이 흐르는 사이 원영수 장로, 김치국 장로, 백낙도 권사, 김동선 집사는 고인이 되고 이형국 장로, 최창운 장로, 황호연 장로가 합류하였습니다. 보급책자도 5500여 권에 이르게 되었습니다. 중국에 교회를 세워주고 성경 보급을 하였으며 케냐에 오디오 선교센터와 도서관건립, 러시아와 스콧트렌드 선교사역지원을 할 수 있었습니다.

신앙생활의 지침이 되는 이 작은 책자는 틈나는 시간에 쉽게 읽을 수 있는 친근함이 있습니다.

오늘의 모든 성취는 항상 넘치도록 공급하시고 이루시는 하나님의 크신 은혜와 우리 모두 서로 합력하여 열성과 충성을 다한 사랑의 결실임을 확신하며 감사드립니다.

이제 KBC는 목적과 초지의 굽힘이 없이 새로운 발걸음을 힘차게 떼어놓으려고 다짐합니다.

3부

담 너머 풍경

가을이 우리 곁을 떠나면서 마지막 향응이라도 베푸는 것인지 날씨는 더 할 수 없이 맑고 청명하였습니다. 머리카락을 날리는 산들바람이 우리의 몸도 마음도 한데 부풀려서 풍선처럼 날려 버릴 것 같은 오후였습니다.

정말 오랜만에 함께 모인 우리 자매는 모처럼의 만남을 고궁산책에서 풀기로 하였습니다. 우리는 인사동의 전통거리를 지나 안국동에서 창덕궁까지 은행잎이 노랗게 물든 가로수 거리를 이야기꽃을 피우며 천천히 걸어갔습니다. 그런데 막상 입장권을 사려고 매표소 앞에 갔을 때 우리는 크게 실망하였습니다. 창덕궁이 휴관하는 날이었습니다. 우리는 다시 거기서부터 종묘를 향해 전통가옥들이 처마를 마주하고 있는 원서동 뒷길을 높은 담장을 따라 걸어 내려갔습니다. 울퉁불퉁한 보도를 힘겹게 걸어 종묘에 도달해보니 역시 문이 닫혀 있었습니다. 이 날은 서울에 있는 고궁들 중 이 두 고궁이 문을 닫는 날이었던 것입니다.

굳게 닫힌 문 옆의 쇠창살 울타리 넘어 엿보이는 고궁 안 풍경은 얼마나 아름다운지 들어가지 못하는 우리의 마음을 무척 쓸쓸하게 만들어 주었습니다. 때마침 쇠창살에 비친 햇살이 눈부시게 반사하는 사이로 깨끗이 쓴 오솔길이 보이고 울창한 숲은 빨강과 노랑의 단풍잎으로 덮여 있어 환상의 세계 같았습니다. 이때 내 눈에는 열두 가지 과실이 달마다 열리고 열두 가지 보석으로 단장하였다는 황금성(계 22:2)이 겹쳐 떠오르는 것이었습니다.

내 앞에서 닫혀진 문을 붙들고 흔들어 보았지만 문은 요지부동이었습니다. 갑자기 피곤해진 우리는 종묘 앞 광장에 있는 벤치에 털썩 주저앉았습니다. 그러자 문득 닫힌 문의 이야기가 떠올랐습니다.

'예비하였던 자들은 함께 혼인잔치에 들어가고 문은 닫힌지라' (마 25:10)

예수님의 열 처녀 비유로 등에 기름을 준비하지 못한 어리석은 다섯 처녀가 기름을 사 가지고 왔을 때 예비한 다섯 처녀들과 신랑은 이미 혼인잔치에 들어가고 문은 굳게 닫혔던 것입니다. 후에 아무리 '주여 주여 열어 주소서' 해도 내가 너희를 도무지 모른다고 단호하게 대답하셨습니다.

'그런즉 깨어 있으라. 너희는 그 날과 그 시를 알지 못 하느

니라' (마 25: 13)

결국 우리 자매들은 예상치 않은 운현궁에서 즐거운 가을 나들이를 마쳤지만 우리에게는 언제나 열려있는 문이 있다는 사실이 떠올라 몇 배나 더 큰 새로운 즐거움으로 가득 차서 돌아 올 수 있었습니다.

'볼지어다. 내가 문 밖에 서서 두드리노니 누구든지 내 음성을 듣고 문을 열면 내가 그에게로 들어가 그와 더불어 먹고 그는 나로 더불어 먹으리라' (계 3:20)

담 너머 단풍구경을 하는 어리석은 자가 아니라 담 안에서 주님과 함께 잔치에 참석하는 현명한 자가 되기를 기원하였습니다.

알파카

'뉴질랜드' 관광에서 가장 인상에 남는 것이 무어냐고 물으면 많은 사람들은 넓은 초원과 양떼라고 대답합니다.

남북섬을 합하면 면적이 한반도의 약 두 배가 되는 '뉴질랜드'의 인구는 겨우 삼백구십만 정도인데 비해 양떼는 칠천만 마리나 된다니 거의 이십 배나 되는 양들이 아득히 펼쳐진 초원에 무리지어 덮여 있는 것입니다.

흰 눈이 하얗게 덮인 높은 산봉우리와 푸른 초장, 그리고 거기에 엎드려 한가로이 풀을 뜯고 있는 양떼들은 언듯 보기에 한 폭의 풍경화처럼 깨끗하고 평화스러웠습니다. 하지만 가까이에서 보고 여러 가지 속성을 알고 나서부터 나의 인상은 확연히 달라지고 말았습니다. 양들은 내가 생각해 왔던 것처럼 깨끗하지도 않고 더구나 순하지도 않았습니다.

흔히들 '양은 남이 잘 되는 것을 못 본다'고 말하듯이 털이 북실북실한 양들은 여름에는 남이 시원할가 봐 서로 붙어 있고 겨울에는 따뜻할까 봐서 떨어져 있다고 합니다. 물론 그것은 양의 신체구조상 털에 있는 모공의 작용 때문이라고는 하지만 우리의 상식과는 전혀 다른 그들의 생활을 잘 말해 주고 있습니다.

개들이 양몰이를 하는 것을 보면 양들은 위험이 없는 방향으로 뛰는 것이 아니라 사면 팔방으로 달아나고, 멀리 보지를 못하기 때문에 눈앞만 바라보고 가다가 낭떠러지에 떨어지기도 하고 맹수의 공격을 받기도 합니다.

우리가 일고여덟 시간이나 달리면서 지나친 목장에는 하늘을 바라보는 양은 없고 하나같이 땅만 바라보면서 먹고, 또 먹으면서 풀을 따라 이동하는 양떼뿐이었습니다.

어리석고 목이 곧은 이스라엘 백성들을 왜 양떼에 비유하였는지, 이 백성을 인도하여 내신 하나님과 그들을 이끌었던 모세가 얼마나 힘들고 어려웠는지를 분명하게 알 수 있을 것 같았습니다.

냄새나고 더러운 목장에서 열아홉 종이나 되는 양들을 둘러보던 나는 낮은 나무들이 듬성듬성 서 있는 그늘 밑에서 이상하게 생긴 동물 '알파카'를 만나고 그 생김새에 놀라지 않을 수 없었습니다.

페루의 안데스 산악지대가 원산지인 이들은 6천여 년 전부터 이어 온 가축으로서 잉카 문명의 몰락과 함께 멸종위기에까지 이르렀던 희귀종인데 일생에 양, 사슴, 약대의 모습을 다 거치는 신비한 동물이었습니다.

하얀 털이 눈 아래까지 덮어버린 귀여운 얼굴의 어린 양 '알파카'가 목이 긴 사슴의 순한 얼굴이 되었다가 목, 어깨 가슴까지 길고 풍성한 털로 푹 덮인 위용 당당한 약대가 되는 것은 참으로 경이로운 변신이었습니다.

'알파카'는 양과는 달리 배설물을 일정한 곳에만 하기 때문에 깨끗하고 새끼는 반드시 대낮에만 낳는 특성이 있습니다. 성장한 '알파카'는 주로 높은 산악지대에서 연안평야로 곡물을 수송하는데 사용되었으며 원주민들에게 고기와 옷, 장막 등을 공급하고, 배설물은 비료, 연료로 사용하는 등 아주 귀중한 재산이었습니다. 옛날부터 '알파카' 모(毛)는 양털보다도 더 따뜻하고, 가볍고, 부드럽고 강해서 세계적으로 유명한데 잉카제국에서는 왕족들만 착용할 수 있는 호사품이었다고 합니다.

긴 목을 쳐들고 나를 말똥말똥 쳐다보는 어린 '알파카'를 마주 보고 있으려니 문득 성도의 변신은 어떤 것이 되어야 할까 하는 생각이 떠올랐습니다.

'예수는 그 지혜와 그 키가 자라가며 하나님과 사람에게 더 사랑스러워 가시더라' (눅 2:52)

순전한 어린양으로, 성령 충만하여 높은 산을 달리는 사슴으로, 그리고 무거운 짐을 지고 묵묵히 봉사하는 약대로, 우리는 예수님의 본을 따라 하나님과 사람에게 더 사랑스러워져야 하리라 깨달았습니다.

영원히 내 가슴에

떠날 때만 해도 화창하던 날씨가 오후에 들어서면서 바람이 몹시 불었습니다. 태풍이라도 지나가는지 우리가 도착할 즈음에는 검은 구름마저 심상치 않게 모여 들었습니다.

부활절 예배를 드리고 나니 불현듯 시어머님 묘소를 찾고 싶어졌습니다.

London Woodland Cemetery. 어머님은 납골로 정자 옆, 나지막한 원통형 탑에 안치되었습니다. '어머니 저희 왔어요.' 잠간 기도하는 사이 어머님이 우리와 함께 지내신 20여 년의 세월이 초속으로 지나갔습니다. 묘지에서는 '즐거움' 이라는 낱말은 존재하지 않는 듯합니다. 감정의 교류는 돌벽에 부딪혀 흩어지고 사념의 일방통행이 갈팡질팡하다가 사라지곤 할 따름입니다.

이곳에 오면 그 친구도 만나야 합니다. 이 근방이었는데… 반시간이 넘게 묘역을 돌았지만 찾을 수가 없었습니다. 그 사이 울창하던 나무들은 베어지고 넓혀진 공간엔 돌비석이 빽

빽하니 솟아 있었습니다. 양 옆에 전나무를 심은 한국어 비석을 목표삼아 비석들을 샅샅이 살피며 찾아보았습니다. 생일과 사망일만 쓰여 있는 비석들 중에 유일하게 'Forever in My heart' 라고 쓴 13개월짜리 애기 비석이 눈에 띄었습니다.

며칠 전에 읽은 '자신의 묘비에 새길 문구를 생각해 본 적이 있는가' 라는 글이 떠올랐습니다. 중국의 기행가 중광은 '괜히 왔다 간다' 버나드 쇼는 '나 우물쭈물하다가 이렇게 될 줄 알았다' 어니스트 헤밍웨이는 '일어나지 못해서 미안하오' 라 쓰여 있다 합니다. '잘 놀다 갑니다' 는 어느 무명의 비문도 소개하고 있었습니다. 비문은 일생의 사상이나 가치관을 단적으로 표현하고, 남기고 싶은 마지막 말이나 교훈이라고 할 수 있습니다. 13개월짜리가 어떤 삶을 살았기에 무슨 형상화한 말과 글을 남길 수 있었을까. 내가 궁금한 것은 지금도 이들은 같은 말을 할까 하는 것입니다.

바람에 날리듯 사무실에 들어선 우리는 첫 질문부터 낭패였습니다. '정' 씨는 Chung에서도 Jung에서도 찾을 수가 없었습니다. 천국 문 앞에서 명단을 조사하는 작업이 이럴까 싶었습니다. 두꺼운 포장의 명부에 촘촘히 기록돼 있는 흐릿한 녹색 이름들을 훑어보던 사무원이 창고에서 너덜너덜한 옛 지도를 가져다 펼 친 뒤에야 그의 성이 Choung으로 기재된 것을 알아냈습니다. 비석 양 옆의 나무는 말라죽어 베어버렸다 합니다. 십자가 양 옆에 무궁화를 새긴 작은 대리석비석엔 1935, July-1972, April 맨 밑에 '한인회 및 친구 일동'이라 쓰여 있습니다.

40여 년 전의 일입니다. 런던의 인구가 약18만 명, 그중 한인은 150명 정도였고 대학생이 10여 명 있었습니다. 대개가 단신으로 유학 온 학생들이 작은 방 하나 빌려 살면서 거의 밤낮으로 연구실에서 공부에 열중하였습니다. 유독 이층 타운하우스에 살던 우리 집은 수시로 학생들이 들러서 저녁을 먹고 연구실로 돌아가는 쉼터였습니다. 쌀 22Kg, 양배추김치 4통, 불고기 20파운드를 한 달에 먹어 치우기가 일쑤였지만 속속들이 깊은 사정을 서로 나누던 한가족 같은 사이들이었습니다. 한인회장인 남편은 이민국, 병원, 법원의 통역에서부터 교민자녀의 학교상담까지 동행했었습니다.

서울대 치과대학을 졸업하고 미국에서 석사를 마친 닥터 '정'은 박사학위 과정을 밟고 있었습니다. 무슨 연유인지 논문 통과가 자꾸 지연되자 임상으로 돌아 6월에 졸업을 하면 치과병원을 개업할 예정이었습니다. 그러는 중에 나이도 30대 후반에 접어들고 한국엔 연로하신 어머님이 기다리고 계셨습니다. 4월에 남편이 학회참석차 아틀란틱 시티로 떠난 사이,

다섯 살짜리 아들애가 소파에서 뛰며 놀다가 떨어져 입술, 턱 이빨을 다치고 피를 흘리는 응급사태가 발생했습니다. 급하게 연락이 닿은 곳이 닥터 '정'이었습니다. 졸업이 순탄치가 않다는 말을 그날 들었습니다. 아이가 치료를 받는 동안 그는 한편으론 나를 위로하며 한편으로는 자신의 절망을 언뜻 언뜻 비쳐 주며 한숨지었습니다.

그리고 이틀 후 막 학회에서 돌아온 남편에게 그의 비보가 전해진 것입니다. 마지막 극한상황에 몰린 그의 심정을 헤아려 보지 못한 것이 우리들 마음을 더욱 아프게 했었습니다. 그의 예금통장은 비어 있었고 학자금 융자로 은행 빚이 있었습니다. 개업이 유일한 희망으로 벌써 동업까지 준비하고 있었는데 졸업이 어긋나 버린 것입니다. 기가 막힌 것은 채무자인 그의 모든 사물은 차압되고 시(市)의 행려자 공동매장지에 매장해야만 되는 상황이었습니다. 비참한 모차르트의 시신이 한구덩이로 쓸려 들어가던 영상이 확대되어 앞을 가렸습니다. 지금도 그의 묘는 없다고 하지 않습니까.

남편은 토론토에 있는 치대 선배와 함께 미국까지 가서 모금을 했습니다. 그런데 이번엔 채무자는 우선적으로 빚을 갚아야만 한다는 철칙가 매장지를 살 수 없게 가로막았습니다. 결국 남편의 이름으로 매장지를 사게 되었던 것입니다. 그의 비석은 이런 모든 사연을 담고 한인으로서는 제일 첫 번째의 한글비석이 되어 여러 민족들 틈에 끼어 있습니다. 그러고 보면 비석은 산 자를 위한 것이란 확증이 옵니다. 인생에 절망이 찾아 올 때엔 묘지를 찾아 명상을 하라고 한 명언이 나를 숙연케 했습니다. 닥터 '정'이 떠나고 십년 후 딱 한 번, 그의 동생이 어느 기업체 시카고 지사장으로 왔을 때 어린 남매와 함께 형의 무덤에 참배하였습니다.

"닥터 '정' QW Lot 15 Fence 근처가 그대 주소라는 걸 여기에 밝히는 것은 인생은 유한해도 글은 조금 오래 간다기에 흙 거름된 이민의 흔적을 남겨두려는 생각에서 입니다. 그때 병원에서 '나는 아주 홀가분한 몸, 차만 올라타면 어디든 갈 수 있는 자유인이야' 하였었지요. 그래도 그렇게 가는 것은 아니었습니다."

다빈치의 성모 마리아

이태리가 프랑스를 이기고 월드컵 챔피언이 되던 날, 전 세계의 이태리인 사회는 흥분의 도가니였습니다. 연장전까지 무려 두 시간이나 손에 땀을 쥐게 하던 경기가 끝나자 거리는 온통 빨강 하양 초록의 깃발들로 뒤덮여 세찬 바람에 마구 불리는 줄빨래처럼 나부꼈습니다. TV화면까지 진동시키는 축제의 와중에 누군가 흔들어 대는 피켓의 글이 눈길을 끌었습니다. '이제 우리는 모나리자가 돌아오기를 원한다'고 쓰여 있었습니다.

그 순간, 그림 앞 2, 3미터 떨어진 거리에서 오른쪽으로 가던지, 왼쪽으로 가던지 끝까지 나를 응시하며 따라오는 눈동자와 신비한 미소, 그리고 생기를 뿜으며 포개진 두 손이 선명하게 떠올랐습니다.

파리의 '루브르' 박물관에 있는 '모나리자'는 이태리 화가 '레오나르도 다빈치'의 불후의 명작입니다. 당장 찾아오고 싶은 이 명화가 어떤 경로로 이곳에 자리 잡게 되었는지 알 수 없지만 외국으로 흘러 들어간 유명화가의 그림은 가끔 뜻하지 않은 곳에서 만나지기도 합니다. 지난달 나는 러시아 상트페테르부르크에 있는 '에르미타쥬'(The Hermitage) 박물관에서 또 다른 다빈치의 그림 '성모 마리아'를 보았습니다.

성모 마리아의 실제 모습이 어떠했는지 아무도 정확하게 알지 못 하지만 유럽의 고적이나 옛 문화 탐방을 하노라면 성모 마리아의 그림이나 조각상을 수시로 만나게 됩니다. 내가 아는 제일 오래된 것은 6, 7세기경의 그레코 로만식 초상화입니다. 그 후로 13세기 후반 비잔틴 시대를 거쳐 15세기, 17세기에 이르기까지 나타난 모습을 종합해 보면 대개 갸름한 얼굴에 조용하고 고고한 모습을 하고 있었습니다. 그러나 에르미타쥬에서 만난 성모 마리아는 아주 특이하였습니다.

'마돈나와 꽃'(The Madonna with a Flower 1478년 작), '마돈나와 아기'(Madonna and Child 1480's)는 둘 다 아기를 안고 있는 성모 그림들입니다.

화법이나 화술 등에 대한 세세한 논평은 제치더라도 한 손에 꽃을 들고 아기를 안고 있는 '마돈나와 꽃'에서의 성모는 엄마라기보다는 어린 시골소녀가 아이와 웃으며 놀고 있는 천진난만한 모습이었습니다. 반면에 '마돈나와 아기'에서는 성숙한 여인 마돈나가 아기를 안고 있고 아기는 젖을 빨고 있었습니다. 사람들은 다빈치가 젊었을 때 그린 마돈나는 어린 소녀이지만 5, 6년 후에는 마돈나도 나이 들어 성숙한 여인이 된 것이라고 웃으며 해석했지만 나는 마돈나가 어릴 때나 성숙했을 때나 아기는 언제나 변함이 없다는 사실이 몹시 의아스러웠습니다.

다빈치는 그림그리기에서 가장 높고 힘든 목표는 사지의 움직임이나 몸짓을 통해 인간의 영혼을 표현하는 것이라고 기술할 만큼 아주 작은 붓질에도 전하는 의미가 깊은 화가로 알려져 있습니다. 성모 마리아는 인간이니까 나이 들어 늙기도 하겠지만 아기는 영원불변의 존재라고 말하고 싶었을까? 아기가 젖을 빠는 것은 마리아가 성모인 것을 강조하기 위해서였을까? 궁금증이 꼬리를 물고 일어나더니 엉뚱하게 더욱 큰 궁금증을 몰고 왔습니다.

다빈치는 단 브라운의 '다빈치 코드'를 어떻게 생각할까? 인간 예수가 막달라 마리아와 결혼하여 그 후손이 있고, 그 비밀이 모나리자에 숨겨져 있었다는 이야기에 어떻게 반응할까?

궁금증으로 머리를 갸웃거리다가 나는 소스라치듯 진리 하나를 깨달았습니다.

그림이나 소설을 가지고 성자의 전부를 표현하려는 노력이 얼마나 부질없는 일인가를 확연히 알았습니다. 성모상은 인간의 느낌대로 변할 수 있다는 것을 웅변으로 말해 주고 있었습니다. 웃는 듯 마는 듯 모나리자가 신비한 미소를 띠고 나를 응시하고 있었습니다.

하나님의 데나리온

벧엘 출판사의 '오늘의 양식' 출판 25주년을 축하합니다.

매일 매일 새로운 영의 양식을 위하여 수고하시는 모든 분들께 경의를 표하며 귀한 복음사역에 캐나다 지부로서 동참할 수 있게 하신 하나님의 은혜에 진심으로 감사합니다.

캐나다 한인 문서선교회는 어느 한 종파나 특정 교회에 속하지 않은 범 교파적 민간선교회(Lay People's Mission)로 1984년에 설립되었습니다. 불신자에게 복음전도와 기 신자들에 대한 전도훈련을 주목적으로 활동을 시작하였으나 현재는 외항선 선원선교 및 미국과 한국을 제외한 세계 각 지역의 선교사들에게 복음서적을 지원하는 일을 더하고 있습니다.

180권의 서적으로 출발하여 오늘의 5,500권에 이르기까지 지난 20여 년을 돌아 볼 때 어려운 점이나 슬펐던 일, 그리고 우리의 용기를 북돋우어 주던 많은 일들이 생각납니다.

어려운 일 중에서도 가장 어려운 일은 재정적인 어려움 인 것 같습니다. 순전히 임원들의 회비와 성금으로 운영되기 때문에 책 한 권에 소요되는 인쇄비와 운송비를 참작하여 책의 부수를 마음껏 늘릴 수 없는 점이 가장 마음 아픈 일입니다. 이 때문에 최소한의 부담을 이행하지 못하는 경우가 빈번하지만 벧엘 출판사에서 주님의 사랑으로 감당하여 주심을 새삼 감사드립니다.

몇 해 전 캐나다를 방문하신 이순근 목사님께 '50달러의 차비를 들여서 30달러의 성금을 받아 온 적이 있다' 고 하였더니 '그러면 하나님께서 20달러 이익을 보셨네요.' 하시던 것 아직도 기억하고 있습니다. 아마도 당분간은 하나님이 이익보시는 사업을 계속하지 않을까가 아직도 우리가 풀어야 할 어려운 점으로 남아 있습니다. 그러나 한국인도 별로 없는 오지에서 유일한 생명의 양식인 '오늘의 양식' 을 기다리며 굶기지 말아달라고 간청하는 독자들의 글을 접할 때나, 지난호도 좋으니 많이만 보내달라는 외항선선원선교사님들의 서신을 받을 때는 어떤 어려움이라도 감수할 수 있을 것 같은 용기가 솟아납니다.

오래전에 김상복 목사님이 중국 선교여행을 하셨을 때 어느 산골의 한 여전도사가 캐나다 선교회에서 보낸 '오늘의 양식' 을 들고 나와 고마운 인사를 하더라며 우리의 활동을 치하하실 때는 우리의 선교활동에 보람을 느끼기도 했습니다.

이제 슬펐던 일을 말해야 될 텐데 눈물이 먼저 나와 목이 메입니다. 바로 어제 아침에 우리 선교회의 회장이시던 백낙도 권사님이 심장마비로 갑자기 우리 곁을 떠나셨습니다. 이틀 전까지만 해도 임원회를 갖고 '오늘의 양식' 출판 25주년 행사에 참석하기 위하여 함께 의논하고 계획을 짜고 했었는데 그만 벨티모어가 아닌 하늘나라로 가셨습니다. 지난 20여 년 동안에 우리 선교회는 열성적으로 일하시던 원영수 장로님(백낙도 권사님 부군)과 김동선 집사님을 잃었습니다. 그때마다 우리는 큰 슬픔 가운데서도 돌아가신 분들의 몫까지 더 열성으로 일하자고 다짐하곤 했습니다.

오늘 마태복음 20장을 읽다가 감사 기도를 드렸습니다. 포도원 주인이 나가서 하루 한 데나리온씩 약속하여 시간마다 품꾼을 들여보내는 비유입니다. 한 데나리온은 당시에 하루의 식품을 살 수 있는 은전이었다고 합니다. 하나님은 우리의 일의 많고 적고에 관계없이 똑같이 한 데나리온을 주십니다. 내가 감사하는 것은 품삯이 아니라 나에게 일할 기회를 주신 하나님의 은혜를 깨달았기 때문입니다.

백낙도 권사님은 떠나셨지만 우리들에게 새로운 교훈을 주고 가셨습니다. 언제든지 떠날 준비를 하고 열심히 충성하라는 일깨움입니다. 하나님께서 밤중에 거두어 가시면 우리의 건강이나 재물이 아무소용이 없어지고 곧바로 하나님의 심판대 앞에 서게 될 것입니다. 늘 두려운 마음으로 예비하라는 강한 경고로 마음판에 새길 작정입니다.

여행 기념품

나는 여행 말미에 기념품점에 들리기를 좋아합니다.

거기에는 우리가 막 거쳐 온 관광지의 축소판이 담긴 엽서, 책자, 혹은 지방 토속품 같은 것들이 진열되어 있습니다. 즐거운 여행을 오래 기억하고 싶은 표적으로 나는 무언가를 한두 개 사들고 나오곤 했습니다. 주로 차 숟갈이나 엽서를 많이 샀는데 한때는 아이들의 티셔츠를 여러 벌 사기도 했습니다.

나는 여행 기념으로 물건만 사 모으는 것이 아니라 이상한 모양의 돌멩이, 아름다운 꽃, 나뭇잎 등속까지 모으기를 좋아합니다. 바닷물에 씻겨서 하얗게 표백된 널빤지를 주워다가 해지는 수평선을 그려서 걸어놓고 혼자 즐거워하기도 합니다. 여행 때마다 수십 통씩 찍어오는 사진들을 들추면서 이것들을 바라보노라면 눈앞에 아련하게 지난 시간들이 떠오르고 새로운 즐거움이 솟아오릅니다.

그러던 것이 조금씩 변화가 오기 시작했습니다. 언제부터인지 기념 셔츠들이 옷장 서랍에서 이리저리 천대받는 것을 보고 더 이상 사기를 그만 두었습니다. 식당의 한 벽을 거의 다 차지한 차 순갈 전시판엔 자그만치 백여 개나 되는 차 순갈이 먼지를 하얗게 뒤집어쓰고 있어 그것도 앞날이 길 것 같지가 않습니다. 행여나 다칠세라 스위스로부터 조심스럽게 안고 온 뻐꾹 시계는 호기심 많은 작은 손이 추를 잡아당겨 더 이상 울지 못해 애처롭기만 합니다.

무엇보다도 결정적인 변화가 온 것은 지난 몇 년간 캐나다와 한국을 오고가며 여행 가방을 꾸려야 할 일이 많아지면서 버리고 줄여야 할 것들이 너무도 많다는 것을 알게 된 것입니다. 이제는 사진도 덜 찍고, 무게가 나가는 것, 부피가 큰 것은 될수록 사기를 자제하는 형편이 되었습니다. 그 지방의 특산품이나 여행 안내서를 수집하는 한편 작은 수첩에 일지도 쓰고 서툰 스케치를 하는 것으로 여행 기념품을 대신하였습니다. 그러면서도 마음 한구석엔 항상 미진한 것이 남아 있었는데 참으로 우연한 기회에 가장 좋은 여행 기념품을 얻는 방법을 알게 되었습니다.

나는 기념이 되는 물건을 사는 대신 기념될 일을 만들기로 목적을 전환시킨 것입니다.

몇 년 전 장춘을 여행할 때 목숨을 걸고 숨어 다니며 지하교회를 하시는 선교사님을 시작으로 지난 번 뉴질랜드의 장애인교회 기호장 목사님까지 여행길에서 만난 주의 일꾼들을 도와주는 것으로 기념을 삼기로 하였습니다. 가져오는 것으로 여행을 기념하는 것이 아니라 주는 것으로 기념을 하고 보니 그처럼 좋은 여행 기념품이 다시 없었습니다.

브라질 상파울루에서 머리가 엉겨 붙고 얼굴에 벌긋벌긋한 부스럼이 잔뜩 핀 원주민 아이들이 내 셔츠와 재킷을 입고 보내주던 큰 웃음은 꼭 간직하고 싶은 귀한 기념품입니다.

나 가진 것 다 주고 싶은 마음이 속에서 견딜 수 없게 끓어오를 때면 줄이고 주려 꾸려온 작은 여행 가방이 후회스러울 때도 종종 있었습니다.

결국 나의 여행 기념품은 그들의 마음속에 쌓이고 나는 즐거운 추억만 홀쭉해진 가방에 넘치도록 모아가지고 돌아오게 되었습니다.

우리의 인생길은 나그네 길이라고 합니다. 우리에게 허락된 나그네 길에서 내가 만난 주의 일꾼들과 가졌던 즐거움보다 더 보배롭고 영원한 기념품은 없을 것입니다.

이제 이 귀한 보배를 더 안전한 곳에 보관하고 싶습니다. 녹슬지 않고 도둑도 들 수 없는 그곳.

'네 보물 있는 그 곳에는 네 마음도 있느니라' (마 6:21)

여기까지

'월터 피크 하이' 농장은 일정에 없었습니다.

'밀 포드 사운드' 호수를 선상 관광할 예정이었으나 그곳으로 가는 유일한 통로인 '호머' 터널이 통행금지 되는 바람에 할 수 없이 임시변통으로 택해진 방문이었습니다.

'뉴질랜드 남섬' 관광의 백미라고 할 만큼 '밀 포드 사운드' 호수는 아름답다고 평이 나 있었습니다. 비취색 호수는 바닥에 있는 조약돌까지 비췰 만큼 맑고 깨끗한 데다 굽이굽이 돌아가는 호수의 양옆으로 높이 솟은 기암절벽에서는 폭포수가 하얗게 물방울을 튀기며 쏟아져 내린다고 합니다. 선상에서 점심을 먹으며 그 호수를 유유자적하게 돌려던 유람선관광이 취소된 것입니다. 엊그제 '싱가포르' 관광단 버스가 좁은 터널 안에서 폭발하여 타 버리는 큰 사고가 나서 터널 안 정비가 아직 완료되지 않았기 때문이라고 하였습니다.

승선시간에 맞추느라 새벽 5시에 일어나서 부지런을 떤 모든 수고가 헛일이 되다니 실망이 이만저만이 아니었습니다.

지난번 '발리'에서의 불상사로 인해 취소되었던 여행을 극적으로 할 수 있게 하여 주신 하나님께서 왜 나를 여기까지 오게 하시고 이런 장애물을 주시는 것일까 의구심이 생길 지경이었습니다. 비슷하게 유람선을 타고 오가는 '월터 피크 하이 컨트리'의 농가 방문으로 대신 하긴 하였지만 마음은 우울하기 짝이 없었습니다.

'월터 피크 하이' 농가는 '퀸스 타운'에서 '와카티푸'호수를 건너간 오목한 연안에 자리 잡고 있는데 1850년대에 구라파에서 처음으로 이주해온 '윌리엄'이라는 사람이 자신의 아들 '월터'의 이름을 따서 지은 목장이라고 합니다.

1912년 증기선이 왕래하게 되기까지 산과 호수로 고립되었던 17만 에이커의 목장은 가축들의 떼죽음이나, 눈사태, 그리고 재정적 불황 등으로 여러 가지 어려움을 겪기도 했었지만 한때는 4만 마리의 양과 50명의 일꾼들을 거느린 광대한 목장이었다고 합니다. 이곳에서 생산되는 '메리노' 울(Wool)은 지금도 품질이 세계 최고라고 합니다.

개들이 양떼를 모는 '양몰이 쇼'와 거대한 양을 두 다리 사이에 꽉 끼고 서서 순식간에 털을 다 깎아내는 '양털 깎기 쇼' 같은 것을 구경한 후 언덕 밑의 하얀 전시실로 안내되었습니다. 손때 묻은 이 집의 역사를 둘러보면서 벽난로가 있는 거실에 들어서니 정면 벽에 최초의 목장 건물과 가족 사진이 나란히 걸려 있었습니다. 그 밑에 목장의 초기 개척사에 대한 간략한 설명을 읽던 나는 온몸이 떨리는 감명을 받았습니다. 교통수단이라고는 노 젓는 배뿐이던 그 시절에 이 가족들은 매 주일마다 노를 저어 건너편 '퀸스 타운' 장로교회에 출석했다는 것입니다. 5~7시간의 노 젓기를 해야 되고 폭풍이라도 불어 올 때면 더욱 힘든 길이었지만 한 주일도 빠지지 않고 열심히 출석하였다는 기록이었습니다.

'밀 포드 사운드'에 갈 수 없었던 우울함이 순식간에 사라져 버리고 이곳으로 오게 하신 깊은 뜻을 비로소 깨닫게 되었습니다. 어떤 어려움이 닥치거나 좌절치 않고 교회 중심으로 살았던 옛 개척자의 신앙은 여행으로 짜증이 끓어오르던 내 심령에 큰 빛을 비쳐 주었습니다.

작은 어려움이 닥칠 때마다 도우심을 잊고 불평만 하던 이스라엘 민족들이 떠오르고 그들 중에 있는 나의 믿음을 부끄럽게 짚어보았습니다.

때마침 거실 TV에서 '호머' 터널의 근황을 알려주는 오후 뉴스가 흘러나왔습니다. 이미 터널을 지나 '밀 포드'로 건너가 있던 관광객들이 돌아오지 못하고 묶여서 아우성이었습니다. 다음 관광지로 떠나야 되는 여행사 직원들의 난감해 하는 모습은 정말 딱해 보였습니다.

'여호와께서 여기까지 우리를 도우셨다 하고 그 이름을 에벤에셀이라 하니라' (삼상 7:12)

위 하 여 !

"야-호-!"

아직 날이 새려면 멀었는데 등산객들의 환호소리가 투명하게 들려왔습니다. 문을 열고나서니 제법 선뜻한 바람이 귓불에 스치면서 그 사이로 잠에서 깨어나는 산마을의 소음이 쏴-하니 스며들었습니다.

추석 연휴 때문인지 여느 날보다 더 많은 등산객들이 새벽부터 산골짝에 활기를 불어넣고 있습니다. 우리가 교회 사택에 손님이 된 후로 거의 매일 듣는 소리였지만 그 소리는 언제나 내 마음을 성취감으로 흥분시키곤 하였습니다.

원당. 의정부로 가는 고속도로를 경계로 고층 아파트 동네와 갈려진 언덕 위에 높이 세워 진 성지교회는 공기가 맑고 청정한 전원교회입니다. 앞에는 툭 터진 파밭 너머로 배, 복숭아 등의 과수원이 둘러 있고, 뒤에는 소나무와 잡목이 우거진 야트막한 산이 겹쳐 있어 구불구불하니 이어진 산길이 참 아름답습니다. 창문으로 내다보면 완만하게 돌아 올라간 길 옆

양지에 계보대로 안치한 듯 세 줄로 된 넓은 가족 묘지가 곧 바로 눈에 들어옵니다.

추석이 되고 성묘가 떠오르니 지난 일들이 그림처럼 지나갑니다. 어렸을 때 나는 묘지를 무서워하였습니다. 묘지뿐만 아니라 상여나 장례행렬은 물론, 초상집도 가까이 지나다니지 못하고 피해서 다녔습니다. 어쩌면 그것은 죽음에 대한 총체적인 두려움이었던 것 같습니다.

그러던 내가 이렇게 묘지 옆에서 태평하니 지낼 수 있게 된 결정적인 동기는 십오륙 년 전 유럽여행을 하고 나서부터였습니다. 그때 우리는 이태리에서 화산에 묻혀버린 폼페이시의 유적과 초대기독교시대의 카타콤을 들어가 보았습니다.

베스비오스 화산의 폭발로 순식간에 뜨거운 용암에 덮여 버린 폼페이시는 환락과 죄악의 현장에서 있는 그대로 화석이 되어 타락한 인간상과 삶의 현장을 상세하게 보여주고 있었습니다.

그러나 카타콤에 들어섰을 때 컴컴하고 음습한 지하 동굴은 두더지 집같이 좁고 꼬불꼬불한 길에 거미줄 같이 엉겨 있어 자칫하다간 그 안에서 길을 잃을 지경이었습니다. 군데군데 개미집처럼 겨우 두세 사람이 앉을 만한 방이 붙어 있고 벽을 따라서 죽은 성도를 넣어 두었던 석실이 바닥에서 천장까지 이어져 있었습니다.

로마의 기독교 박해를 피하여 숨어서 같이 신앙생활을 하다가 죽어서도 함께 주를 찬양하며 경배하는 초대교회의 신도들은 '죽으나 사나 주의 것(롬14:8)' 임을 확신하였던 것입니다.

서서히 동이 터오는 이 맑은 아침에 나에게 생명 있음을 찬양합니다. 산 자에게 가장 큰 축복은 소망이 있기 때문입니다. 깨달아 개선할 수 있는 희망과 내 손에 주신 분복대로 즐기며 살 수 있는 약속의 소망이 있기 때문입니다.

계보대로 늘어선 봉분들을 바라보며 생각에 잠깁니다. 나의 부모님, 조부모님 증조부님, 고조부님 그리고 그 위로 계속하여 그 아버지의 할아버지의 또… 한없이 올라가 봅니다. 까마득히 헤아려 보지만 중간 어느 지점에도 원숭이는 없는 것을 기뻐합니다. 사람은 사람으로, 모든 천지만물을 종류대로 창조하심을 찬양합니다. 사람들이 높은 산을 정복하고 등산을 즐기는 이유 중 하나는 하늘에 더 가까이 가고 싶은 욕망 때문이라고 합니다. 하지만 산 정상에 올라도 하늘은 오히려 오른만큼 더 높아져 있는 것을 발견하게 됩니다.

추석을 맞이하여 돌아가신 조상들을 추모하는 일은 아름다운 일입니다. 그러나 더욱 중요한 것은 우리가 영적으로 죽지 않고 산 자가 되는 것입니다. 이번 추석엔 구불구불한 산길을 따라 산 정상에 올라 폐 속 깊이에서 울려나오는 큰 소리로 나도 한 번 외쳐보고 싶습니다.

위하여! (위대하신 하나님 여호와!)

야-훼-! (야-호!)

종교간의 화합

서울 명동성당에서 '참 종교인이 바라본 평화: 김수환 추기경, 강원용 목사, 법정스님과의 대화'라는 행사가 열렸다는 신문기사를 읽었습니다. 우리 사회의 종교 갈등이 고조되고 있는 가운데 천주교와 개신교, 불교 지도자로서 종교간 화합과 평화를 위해 노력했던 분들을 기리는 것이 취지였다고 합니다.

담화에서 염수정 주교는 세 분을 기억할 때 따뜻함과 편안함, 그리움을 느끼는 것은 세 분이 참 종교인이었기 때문이라 했습니다. 월주 조계종 총무원장은 강원용 목사는 항상 제3의 지대에 서서 화합법을 제시했다며 발밑 미물마저도 부처라는 부처님의 정신을 정확히 이해한 몇 안 되는 종교인이라 회고했습니다. 또한 김성수 대주교는 김수환 추기경은 위로가 된다면 어디든 가고 같이 춤추고 유행가도 부르고 같이 울며, 아무리 큰 세력이라도 잘못된 일은 잘못이라고 큰소리로 꾸짖으신 분이라고 말하였습니다.

서로 다른 종교의 지도자를 높이는 덕담을 통해 화합을 정중히 표현했다고 생각됩니다. 나에게 있어 강원용 목사님은 우리의 결혼식 주례였으며 민족적 기독교를 주장하신 목사님으로, 법정 스님은 무소유를 실천하신 큰 스님으로, 김수환 추기경은 정의 구현에 늘 앞장서시던 강인한 주교로 기억이 됩니다.

종교 간의 화합이라면 지금도 머리 갸웃이 떠오르는 일이 있습니다. 그러니까 40여 년 전 런던에서였습니다. 한 노총각이 한국에서 신부를 초청하였습니다. 이른바 소포결혼으로 신부가 도착하던 날 총각은 직장 때문에 마중도 못했습니다. 신부는 중신한 친구 집에 머물면서 결혼식을 준비하기로 했습니다.

신부의 방문비자기일은 자꾸 지나는데 어찌된 일인지 중신댁에서는 신랑에게 아무런 기별이 없었습니다. 무슨 알력이 있었는지 자세한 내막은 모르겠으나 여하튼 그 신부가 토론토의 다른 사람과 결혼을 한다는 놀라운 소식이 전해졌습니다.

신부를 초청해오고 얼굴도 보지 못한 그는 울분을 삼키며 고민하다 끝내 스스로 세상을 버리게 되었고 한인회장에겐 황망한 일처리가 밀려들었습니다. 총각편의 친구들이 진실을 밝혀달라고 밤낮으로 찾아오는데다 한국에서는 절대 자살할 이유가 없는 사람이니 타살규명을 해 달라고 외무부를 통하여 진정서를 내었습니다. 병원에서는 시체보관함을 빨리 비워달라고 재촉인데 대사관에서는 시체에 손을 대면 절대 안 된다고 경고하면서 몇 개월이 지나도록 아무런 대책이 없었습니다. 병원에서 시체를 네 집 냉장고에라도 갖다 치워달라고 하던 날, 난생 처음으로 머리뚜껑이 열리는 듯한 큰소리를 질렀습니다. 그것도 감히 오타와 대사관에 '와서 사태를 직접 파악하시라' 고 목소리를 높인 것입니다.

이런 소동 끝에 어렵사리 장례식을 치르게 되었습니다. 천주교신자였기에 한국 신부님을 찾아갔습니다. '천주교에서는 자살자의 장례식은 절대로 집례하지 않습니다.' 한마디로 거절하였습니다. 할 수 없이 캠퍼스 신부를 찾아가 사정이야기를 하였습니다. 한참 묵묵히 생각하던 신부님은 '내가 해드리지요. 그 총각은 자살이 아니라 우리 사회가 죽인 것입니다' 며 한숨지었습니다.

그리고 얼마 후 다른 한국 신부가 파견되었습니다. 사제관에 기거하시는 신부님이 어느 날, 저녁 늦게 시간 있으면 나 차 좀 태워 줄 수 있느냐고 전화를 걸어 왔습니다. 교인도 아닌 어느 부부가 이혼한다고 싸우는데 같이 가자는 것이었습니다. 골목을 누비던 신부님은 한 가게 앞에서 차를 세우게 하더니 '과자 두어 봉지만 사 주심 좋겠어요. 그 집에 애들이 있어서…' 하였습니다.

종교 간의 대화, 갈등해소의 목소리가 드높을 때마다 세 신부가 문득 떠오르곤 했었습니다. 종교 간의 갈등인지 종교내의 이념차인지 화합의 공통분모는 무엇일까? 상념에 잠기기도 했습니다.

오늘 아침신문을 읽다가 전류에 닿은 듯 온몸이 흠칫했습니다. '자살 할 권리를 인정했다'는 기사였습니다. 물론 앞에 붙는 조건들이 있긴 하지만 품위 있게 생을 마감할 수 있는 '존엄사'의 권리가 인정된 것입니다. 이 주제(主題)라면 목사님, 스님, 신부님, 한 목소리를 내실 수도 있지 않을까 하는 생각입니다. 종교 간의 화합은 인본주의 영역에서만 가능할 듯합니다.

그 물음표(?)

'태초에 가장 먼저 빛이 있었다?' 일간지 과학칼럼에 오른 글이었습니다. 여기서 물음표는 제시된 문장이 맞는지 틀리는지 이른바 단순 O. X. 문제라고 할 수 있습니다. 그러나 이 물음표는 또한 많은 사람들이 태초에 가장 먼저 빛이 있었다고 믿고 주장하는데 정말이냐? 는 반문식 문제라고도 볼 수 있습니다. 틀림없는 오류를 지적하고 다음의 내용을 강조하기위한 역설적 기술을 표출하고 있기 때문입니다.

저자의 의도가 어떤 것이었는지 알 수는 없지만 다분히 후자의 인상으로 내 눈에 확대되어 온 것은 서두에 '태초에…' 라는 문구가 있어서였습니다.

'태초에 하나님이 천지를 창조하시니라' (창 1:1) '하나님이 가라사대 빛이 있으라 하시매 빛이 있었고' (창 1:3)라 기록되어 있습니다. 따라서 질문의 답은 단연 X이며 맞는 답이 되기 위해서는 '태초에 가장 먼저 빛을 만드셨다' 해야만 될 것입니다.

-태초에 제일 먼저 빛이 있었던 것이 아니라 수소라는 원자가 있었다.- 과학을 알아야 세상을 안다는 문종명 님의 과학 칼럼(121)이 주는 답이었습니다.

빛이 있기 전에 수소가 있었다는 그의 모든 과학적 증명은 정확하며 성경적으로도 맞는 사실이라 할 수 있었습니다. 하지만 단 한 가지 유의하여야 할 사실이 있습니다.

창세기 1장 2절을 자세히 읽어보면 '하나님의 신은 수면에 운행하시니라' 하였습니다. 빛이 있기 전에 이미 물(H2O)이 있었고 수소(H)뿐만 아니라 산소(O)도 있었으며 천지창조에 소용된 많은 원자들이 다 갖추어져 있었다는 사실을 확인하게 될 것입니다.

의식적이던 무의식적이던 위의 질문은 역설적 기술이라고 말한 바 있지만 실은 나 자신이 답에 X.를 치는데 간발의 시간이 걸렸다는 사실이 나를 당황하게 만들었습니다. '있었다'와 '만들었다'의 차이가 선명하게 찍히는 뇌 회전의 시간이 그만큼 지연되었다는 것은 순간적으로 동일하거나 유사한 뜻으로 받아드렸다는 반증이기도 하기 때문입니다. "태초에…"는 크리스천들은 수없이 들어 이미 자신의 일부처럼 되어 버린 신앙의 핵심적인 원소이며 선포라고 할 수 있습니다. 안일한 타성에 젖어가는 사이 반듯한 모서리는 마몰되고 불투명한 상식으로 남게 된 결과를 다시 짚어보았습니다.

"태초에 가장 먼저 수소가 있었다? 아니다.(x) 물이 먼저 있었다."

"태초에 가장 먼저 물이 있었다? 아니다.(x) 물위를 거닌 존재가 있었다."

이러한 오류는 반복되는 유사성 때문에 순간적으로 혼란을 일으키는 경우 성경학자들은 이른바 술에 물을 탄다고 표현하는 경우에 속한다고 할 수 있습니다. 또한 의도적으로 성경의 한 부분을 자기에게 유리하게 호도하여 표현함으로써 강한 뜻을 약하게 만드는 경우가 있습니다. 예를 들면 창세기 2장 16절에서 보는 바와 같이 여호와 하나님이 그 사람에게 명하기를 선악과를 따먹는 날에는 '정녕 죽으리라' 하였는데 하와는 뱀에게 '너희가 죽을까 하노라' 하였다고 말합니다. 그러나 우리는 비기독교인이나 반기독교인들이 좀 더 합리적, 조직적으로 성경을 부정하게 하는 경우를 많이 봅니다.

아침 신문에는 '홍해를 가른 모세의 기적에서 하나님이 한 일은 무엇인가 (God's role in the Red Sea parting)' 라는 흥미 있는 기사가 있었습니다. (창14:21)

이 기사는 러시아 해양학자 Naum Volzinger와 팀원들이 2004년 1월에 Washington Times에 홍해의 갈라진 사실을 6

개월간 분석, 조사해 본 결과 그것은 전적으로 태풍에 의한 것이었다는 연구 결과를 발표하였습니다. 초당 30m의 강한 바람이 분다면 바다(당시는 아주 얕았다고 주장)를 말릴 수 있으며 마른 상태는 4시간 정도 즉 이스라엘 민족이 홍해를 육지로 건널 만큼 말라 있다가 30분 정도에 삽시간에 제자리로 돌아올 수 있다고 하였습니다.

오늘 아침의 신문이 더 흥미로웠던 것은 그처럼 강력한 바람이 왜 이스라엘 백성이 홍해를 건너던 그 시각에 맞추어 불어 왔는지는 알아낼 수가 없다고 한 것이었습니다.

'너희가 언제까지 목을 곧게 하려느냐'

평화통일의 염원

통일은 더 이상 꿈이 아닌 현실입니다. 김현욱 평·통자문위 수석 부위원장은 말하였습니다. 국민과 함께하는 통일준비 역량강화와 통일공감대 확산, 7천만 남북 동포와 7백만 재외동포를 한데 묶어 가는 일이 자문위의 활동목표이며 역할이라고 하였습니다. 남북통일은 반목하고 비방하고 도발하는 역사를 종식시키고 자유민주주의와 시장경제원리에 입각해 이루어질 것이라 강조하였습니다. 그는 독일 통일의 일화를 들려주며 희망을 다짐하기도 하였습니다.

한국을 방문한 빌리 브란트 서독 수상은 '독일통일은 20년, 30년 걸릴 것이며 독일보다 한국이 훨씬 먼저 통일될 것이다'고 하였습니다. 그러나 그가 귀국한지 2주 만에 베를린장벽이 무너졌다는 것입니다. 기록에 보면 에리히 호네커 동독 서기장은 스위스에서 회담 중에 소식을 듣고 급거 귀국했다고 합니다. 당시 미국, 영국, 불란서 수뇌들은 전쟁의 위험이 있으니 독일 통일은 안 된다고 강력히 저지하였었습니다. 이처럼 베를린 장벽붕괴는 아무도 전혀 예기치 못한 일이었습니다.

베를린 장벽은 1961년에 건설되어 1989년 11월 9일에 붕괴되었습니다. 공산정권이 들어 선 1949년에서 1961년 사이에 250만 명의 동독시민- 주로 기술자, 학자, 전문직 인력이 서독으로 망명하였습니다. 이를 막기 위해 철조망으로 쳐졌던 장벽은 붕괴될 당시엔 4만 5천 개의 강화 콘크리트 벽돌로 높이 3.6미터 폭 1.5미터의 철옹 장벽이 되었습니다. 꼭대기는 넘기 힘들게 매끄러운 파이프를 얹고, 그물철망에 경보망과 300여 개의 경비초소, 30여 개의 벙커를 설치하였습니다. 28년간 경계선 주위의 높은 건물에서 뛰어내리거나 풍선을 이용해 탈주에 성공한 사례가 몇 있을 뿐 이 담을 넘다가 죽은 사람은 133명 혹은 천명이라고도 합니다.

베를린 장벽이 무너진 경과를 살펴보면 라이프치히의 성 니콜라이 교회의 크리스티안 퓌러 목사의 평화기도회가 장벽붕괴의 촉매제가 되었으며 독일통일의 제일 공로자라고 인정하게 됩니다. 공산정권에 대항하는 진정한 저항의 문을 교회가 열어야 된다고 생각한 퓌러 목사는 1982년 11월부터 매주 월요일에 젊은이들을 모아 평화기도회를 열었습니다. 공교롭게도 니콜라이 교회는 마틴 루터의 종교개혁 운동이 본격적으로 확산된 역사적인 장소였습니다. 450년 후 이 교회에선 다시 자유를 향한 불꽃이 타 올랐던 것입니다. 기도회의 참석자들은 처음엔 몇십 명이었으나 계속 불어나 7년 째 되는 1989년 9월, 처음으로 광장에 모여 시위를 하던 때는 700명이었습니다. 그 해 10월 7일 동독 호네커 서기장은 건국 40주년 행사를 잡음 없이 치루기 위해 기도회를 차단, 교회를 봉쇄하고, 참가자를 체포하도록 했습니다. 이에 대한 반발로 10월 9일 평화기도회 참가자는 7만 명으로 증가되었으며 다음 월요일은 12만 명으로 늘어났습니다. 11월 9일 기도회 회원들은 양 손에 촛불을 들고 '우리가 국민이다' 외치며 끝까지 평화적 시위를 벌였습니다. 이날 저녁 7시경 정치국원 귄터 샤보스키는 기자회견에서 '모든 동독사람들의 국외 여행을 허가한다'고 발표하였습니다. '언제부터 새로운 여행규정이 적용 되느냐?'는 질문에 머뭇거리던 그는 '지금 당장!'이라고 대답하였습니다.

이 소식은 외신을 타고 순식간에 전 세계로 퍼졌으며 동 베를린 주민들은 국경초소로 몰려들었습니다. 엄청나게 몰려든 인파에 상부지시 없이 당황한 초소경비들은 더 큰 불상사를 막기 위해 여권에 관계없이 통행을 허락하였습니다. 마침내 베를린 장벽이 무너진 것입니다. 그로부터 일 년 만에 독일은 통일을 이루었습니다.

중요한 것은 동독시민이 자유와 통일을 자발적으로 열망하였다는 사실입니다.

오늘 연평도 포격의 뉴스를 또 접하면서 얼마나 더 많은 기도와 정성이 필요한지를 실감합니다. 독일 통일 이후 20여 년 동안 1조 3000억 유로라는 천문학적인 자금을 투입했으나 여전히 양 지역 간의 경제 격차문제가 해소되지 않고 있어 통일은 아직 완성되지 않았다는 비관적인 시각도 있습니다. 하지만 만프레드 피셔(Manfred Fisher) 베를린 장벽 기념재단 이사장은 말합니다. '20년 전 그들이 해냈다면 우리도 할 수 있다. 중요한 건 희망을 버리지 않는 것이다' '우리는 두 개의 숫자를 가지고 있다. '1961' 베를린 장벽이 세워지던 해, 결코 망각하지 말자. '1989' 베를린 장벽이 무너지던 해, 결코 희망을 포기하지 말자.'

1993년 필자가 붕괴된 베를린 장벽을 찾아 갔을 때 브란덴부르크 문 앞 광장에 하얗게 덮여있던 작은 나무십자가가 선명하게 떠오릅니다. 천안함, 연평도를 비롯 수십 만의 순국희생자들이 통일을 절규합니다. 시간이 걸릴지라도 통일은 반드시 올 것입니다. 독일인이 해냈다면 우리도 할 수 있습니다. 통일에 대한 열망이 하늘을 움직일 때는 갑자기 올 것입니다.

4부

산에서 내려오는 길

경기도 분당에 있는 '효종산'에 올랐습니다.

나는 산악회원들과 함께 높은 산을 오를 때도 간혹 있지만 주로 나지막한 야산을 더 즐겨 오르는 편입니다. 그것은 산을 내려오는 것이 오르는 것 보다 더 힘들고 어렵게 여겨지는 때가 종종 있기 때문입니다.

9월도 이제 그믐께가 되었으니 날씨는 완전히 가을의 청명함 그대로였습니다. 자욱하던 아침 안개가 스르르 자취를 감추어 버리자 유리알같이 투명한 하늘이 쨍 하고 터지면서 햇살이 사방에 튀는 소리가 들리는 듯했습니다.

완만하게 뻗어 올라간 산은 허리께까지 하얀 구절초가 군데군데 무리져 피어 있고 연보라색 들국화가 나란히 줄을 서 있기도 해서 청순한 꽃향기가 온 산에 가득하였습니다. 머리 위를 뒤덮은 무성한 밤나무 밑에서 아직도 반들거리는 흑갈색 밤송이를 줍기도 하고 솥뚜껑 같은 모자를 푹 눌러쓴 도토리들을 모으면서 자연은 열매를 맺을 때가 참 아름답다는 생각을 했습니다.

낭떠러지를 따라 쳐놓은 굵은 손잡이 밧줄을 잡고 마지막 돌층계를 힘들여 올라서니 앞이 탁 트이면서 거기가 바로 정상이었습니다. 땀으로 흠씬 젖은 얼굴에 서늘한 산바람이 아리도록 상쾌하였습니다.

거기 통나무벤치에 앉아서 산 아래 저 밑으로 높고 낮은 건물들이 빽빽하니 들어선 도시를 내려다보았습니다. 아파트 건물들 사이사이에 뾰족한 탑의 교회가 드문드문 끼어있고 나지막한 학교 운동장에서는 아이들이 놀고 있었습니다. 자세히 보니 장난감 같은 자동차가 꼬리를 물고 바쁘게 달리는 것도 보이고 새로 건축하는 아파트의 골조와 그 옆의 세멘 트럭도 보였습니다. 모두들 열심히 살고 있는 생존경쟁의 장이 뜨겁게 열기를 내뿜고 있지만 산 위에서 내려다보는 도시는 나에게서 떨어진 거리만큼이나 나와는 아무상관이 없는 먼 무관심의 세계로 느껴졌습니다. 그러자 저 도시 속에서 그렇게 애를 쓰던 나의 모든 괴로움도 다 잊어지는 듯 했습니다.

내가 산에 오르는 것은 분주한 일상에서 탈피하고 무언가 잘 풀리지 않는 삶의 문제들을 떨쳐버리려는 숨은 의도가 있다는 것을 숨길 수가 없습니다. '여기 있는 것이 좋사오니 이곳에 초막 셋을 지어' (마 17:4)라고 한 베드로 사도의 말씀이 저절로 수긍이 되었습니다.

그런데 그때 공교롭게도 나의 머리엔 지난날의 한 영상이 번쩍 스쳐가면서 나를 자리에서 벌떡 일어나게 하였습니다.

30여 년 전, 친구들과 셋이 남해 소금강산에서 길을 잃고 밤새도록 헤메다 구사일생으로 구조된 기억이 되살아나서 지금도 온몸이 떨리게 하였습니다. 무작정 위만 향해 기를 쓰고 올라가다가 그만 내려오는 길을 잃어버린 것이었습니다. 나중에 돌아보니 우리의 목적지보다 산봉우리 셋을 더 넘어간 엉뚱한 산 속을 헤메고 있었음을 알고 얼마나 황당했는지 모릅니다. 이때로부터 나는 산에서 내려오는 길도 오르는 길 못지않게 어렵고 세심한 주의를 요하는 길이라는 것을 깊이 깨닫게 되었습니다.

예수님은 변화산상에서 모세와 엘리야를 만나 서로 이야기하며 '이는 내 사랑하는 아들'이라는 하나님의 음성을 직접 듣는 성화의 영광을 얻었지만 맡은 바 사명을 완수하기 위하여 산에서 내려오셨습니다.(마 17:9) 산에서 내려오는 길은 우리에게 주신 사명을 완수하는 길입니다.

모든 권세와 능력을 함께 부여하고 맡기신 사명을 믿음과 순종으로 이루어가는 행함과 영광의 길입니다.

복된 자리

뉴질랜드의 북섬 '로토루아'는 참 아름다운 곳이었습니다. 멀리 흰 눈을 인 높은 산들이 겹겹이 둘러있는 사이로 빙하호가 비취색 거울처럼 반짝이고 언덕진 푸른 초장엔 양떼들이 무리 져 한가롭게 풀을 뜯고 있었습니다. '여호와는 나의 목자시니 내가 부족함이 없으리로다.' 찬송이 저절로 우러나는 평화로운 풍경이었습니다.

우리를 안내하던 한인회 회장의 말로는 이곳에도 한국인이 약 2백여 명 살고 있는데, 이민 역사가 짧은 한인사회에 여러 가지 어려운 일들이 많이 있었지만 지금은 서로 도와가며 민족적 자부심의 뿌리를 깊이 내리고 있다고 하였습니다. 그가 소개하는 교민들의 현황을 듣던 나는 두 가지 일에 큰 감명을 받았습니다.

그 하나는, 그런 어려운 사정에도 불구하고 40여 명의 장애자 목회를 하고 계시는 '기호장' 목사님 이야기였고, 다른 하나는 매일 아침 버스에서 한 할머니에게 자리를 양보하던 어린 한인 학생이 그 할머니의 유산 4백만 불을 상속받았다는 미담이었습니다. 이 이야기들은 바로 전날 비행기에서 있었던 일과 맞물려 나를 깊은 상념에 젖게 하였습니다.

몇 주 전에 남태평양 '발리'의 휴양지에서 있었던 불상사로 인해 항공사의 취소사태가 이어졌던 관계로 비행기는 만원인데다 좌석지정도 혼란스러워 보였습니다. 일행 중 노인 한 분이 가운데 줄의 중간에 앉게 되었는데, 그분의 왼쪽에는 중국 여인이 앉았고 통로를 건너 중국인 남자 그리고 그 옆에 우리 일행 남자 분이 앉게 되었습니다. 말도 통하지 않는 외국인들의 중간에 혼자 끼어 앉게 된 노인은 옆에 있는 중국 여인에게 한국인 남자와 자리를 바꾸어 주기를 부탁하였습니다.

첫마디에 거절을 당한 노인은 손짓 발짓으로 자기의 불편한 사정을 전하며 다시 사정을 해 보았지만 여인은 오히려 화를 내며 언성을 높이는 것이었습니다. 자리 바꾸기를 단념하고 오랜 시간 내내 불편한 여행을 하게 된 노인이 참으로 딱했습니다. 자리를 좀 양보해 주었으면 얼마나 좋을까요. 교양도 있어 보이는 이 중국 여인이 왜 한사코 거절을 했는지 나중에 이유를 알게 된 나는 아연실색하지 않을 수 없었습니다. 그 여인은 그 자리가 운명적으로 주어진 자기 자리라고 믿고 있었던 것입니다. 우연히 표를 사긴 했지만 신이 정해 준 자리이기 때문에 함부로 바꾸면 행운이 달아난다는 철저한 미신 신봉자였던 것입니다. 오히려 자리를 바꿈으로서 불행을 모면한 경우도 얼마든지 있을 텐데 참으로 답답한 노릇이었습니다.

우리는 주위에서 자리 때문에 다투는 사람들을 많이 봅니다. 그들은 그 자리가 권력과, 재력과, 명예의 자리라고 믿고 그 자리를 얻기 위해 혼신의 힘을 다해 투쟁합니다. 뿐만 아니라 우리는 어느 곳에서나 무의식적으로 편한 자리를 찾고, 좋은 자리를 먼저 차지하려고 남을 제쳐놓고 앞장을 서는 자신들을 만나고 당황해 할 때가 종종 있습니다. '청함을 받았을 때에 차라리 가서 말석에 앉으라. 그러면 너를 청한 자가 와서 너더러 벗이여 올라앉으라 하리니' (눅 14:10) 언듯 말씀한 구절이 떠올랐습니다. 이 세상의 자리는 잠시 잠깐 후면 물거품같이 소멸될 헛된 자리일 뿐입니다.

세상사는 동안 내 자리를 살펴보는 일에 게을리 해서는 안될 것입니다. 이웃의 불편한 자들을 위하여 편안한 자리를 마련해 주고, 내 좋은 자리를 기쁘게 양보하면서 사랑과 화평을 실천하며 끝내 말석에 가 앉을 수 있는 삶을 살고 싶습니다.

세상 끝날 '올라앉으라' 손 내미시는 자리. 그 자리는 우리가 열성과 성실을 다해 얻어야 할 복된 자리임이 틀림없기 때문입니다.

복 받은 나귀

선달그믐, 맑고 상쾌한 겨울 아침입니다. 불과 며칠사이에 성탄절의 열기가 다 가신듯 거리는 한적하기만 했습니다. 울타리를 돌아가자 벌써 멀리서 우리를 알아 본 조랑말이 겅정거리면서 달려왔습니다.

'요피' 하고 부르니 투르르 푸푸 콧김을 튀겨가며 좋아서 어쩔 줄을 몰라 했습니다. 울타리 틈으로 그 큰 얼굴을 불쑥 내밀면 '이키' 놀라서 뒤로 물러서곤 했었는데 이제는 팔을 뻗어 목덜미를 살살 긁어 줄 만큼 친숙해졌습니다.

'요피'는 전 주인에게서 물려받은 아들네 집 애완 말입니다. 키가 꼭 나귀새끼만한데 그보다 더 크지는 않는다고 합니다. 집 가까이에 있어서 틈만 나면 찾아보는 좋은 친구입니다.

에이커가 넘는 목장, 마구간에 쌓인 건초 더미, 먹을 것이 지천인데다 식구들의 사랑이 보통으로 지극한 것이 아니어서 이처럼 복 많은 조랑말은 세상에 다시 없을 성싶습니다.

매일 아침 산책길을 돌아 '팀 호튼'에서 커피 한 잔 마시고 돌아오던 것이 이곳으로 이사 온 후로는 어려워졌습니다. 걸어서 갈 수 있는 거리엔 아무런 편의시설도 없기 때문입니다.

흑갈색 진주처럼 윤기나는 조랑말은 '조걸 타고 한 번 커피를 마시러 가 볼까' 실없는 충동을 일게 하더니 거기 겹쳐 어린 나귀를 타고 가는 예수님을 연상케 했습니다.

원래 나귀 (Donkey)의 어원은 Dun(암갈색 혹은 암회색)+Kin(작다)의 의미에서 붙여진 이름이라고 합니다.

같은 말(마, 馬)과에 속하지만 나귀는 키가 작고(대개 45인치), 귀가 길고, 갈기가 짧으며 이마의 갈기(머리)는 없습니다. 발굽이 좁고, 납작한 어깨에 특수한 울음소리를 냅니다.

성경에 나오는 나귀는 오나거(Equus Hemionus Onager)라 하는데 몽골, 서부 중앙아세아 등의 사막지대에 사는 교배종으로 말과 나귀의 특성을 약간씩 다 가지고 있다고 합니다.

이들은 특히 아랫다리 뼈가 아주 길고, 굽이 좁고 단단해서 사막의 모래위에서 빨리 뛸 수 있고, 코가 훨씬 커서 숨 쉴 때 공기를 더 잘 마시도록 적응되어 있다고 합니다. 그러나 다른 어떤 특성보다도 말과 나귀는 고집이 센 짐승으로 유명합니다.

오래 전 한 여름선교캠프에서 친구들 몇이 말을 타게 되었습니다. 모두들 마음내켜하지 않았지만 K는 더욱 심했습니다.

용기를 다해 말 앞까지 갔다가는 말의 얼굴을 쳐다보면 그냥 몸을 움츠리면서 '아휴 저렇게 못생겼지?' 돌아서기를 여러 번 하였습니다. 그날 안내자의 말에 업혀온 K의 종아리는 나무 등걸에 긁히고 쓸려서 상처투성이였습니다. 낮은 나뭇가지에 걸려서 고함을 지르는 K를 내버리고 저 혼자 들어오던 말의 그 큰 눈은 마치 사람들의 마음을 꿰뚫는 확대경처럼 느껴졌습니다. 예수님을 태우고 순순히 돌짝길을 걷는 나귀가 얼마나 행복했을까 짐작할 수 있었던 것은 아마 이 일 이후부터였을 것입니다.

마구간 처마에 달려있는 성탄장식들이 맑은 햇빛에 오히려 쓸쓸하고 을씨년스럽습니다. 빛이 이미 세상에 왔는데 깨닫지도 못하고 동분서주한 한해를 뒤 돌아봅니다. 주님 팔에 안겨가고, 심지어 그 등에 업혀 가면서 불평만 하던 경우는 얼마나 많았을까?

'차를 타고 갈 만한 곳엔 이미 복음이 다 들어갔고 이제는 발로 다니며 전해야 될 곳만 남았다'는 어느 선교사의 보고서가 점점 더 무거워지는 짐과 험한 길을 일깨워줍니다.

하지만 '내 멍에는 쉽고 내 짐은 가벼움이라' 하신 말씀으로 새해의 첫걸음에 힘을 얻습니다. 주님을 업고 가는 모든 분들에게 기쁨과 은혜가 충만한 복된 해가 되기를 기원합니다.

다른 길

신문지상에서 아주 대조적인 두 사진을 보았습니다.

정부가 요청한 7천억 달러의 구제금융 법안이 의회에서 부결된 후 낭패와 좌절에 빠진 부시 미국 대통령이 곤혹스러운 표정으로 '다른 방법을 모색해 보겠다' 고 말하고 있었습니다.

다른 하나는 '예수는 없다' 의 저자 O교수가 '새로운 탐구를 위한 예수이야기' 라는 제목으로 특강을 하는 열띤 모습의 사진이었습니다. 얼핏 보아 상이한 것 같이 보이는 이 두 사건에서 화두는 "열린 마음으로 대화를 통해"라는 하나임을 알 수 있었습니다. 며칠 후 부시 대통령은 연방의회에서 8천억 달러 구제금융 수정법안의 통과를 얻어냄으로 인해 일단은 대화로 뜻을 이룬 성공한 결말이 되었습니다.

그러나 전해들은 O교수의 강의는 많은 사람들의 저항감을 불러일으키는 듯합니다. '예수님 동정녀 수태설' 이나 '부활 승천' 은 역사적 사실이 아니라는 것이고 아직도 그대로 믿고 있는 신자는 4살짜리 어린 신앙인이라고 했기 때문이었습니다. 기독교 교인이라는 O교수는 한 종교만으로 진리를 다 본다고 할 수는 없고 불교를 비롯한 이웃 종교와 더욱 대화하고 이해하려고 노력하는 열린 자세가 필요하다고 역설했다고 합니다. 열린 마음으로 대화해야 할 이웃 종교란 오직 불교, 천주교뿐인지? 4살짜리 신앙인들과 대화해서 얻을 진리란 어떤 것인지? 의구심이 고개를 들려는 순간 어깨라도 탁 치듯 선듯 하니 떠오르는 인물이 있었습니다.

30여 년 전 남편이 조교수가 되고 처음으로 퀘벡에서 열린 학회에 발표자로 참석했을 때 위니펙에서 온 그룹 중에 한국인이 있다며 학과장이 인도하여 온 분이 S박사였습니다. 그가 학위취득 후 퀸즈대학교에 부임한 이래 친분을 이어 오다 우리아이들이 퀸즈 의대와 법대를 다니게 되고, 그 댁이 은퇴 후 런던으로 이사를 오면서 가까운 사이가 되었습니다.

킹스턴에서 열심히 교회에 출석하고 교민사회에 지도적인 역할을 하던 그가 세례도 받지 않은 신자인 것은 매일 아침 함께 걷기운동을 하던 때에 비로소 알게 되었습니다.

영어성경을 통독하고 신학 철학을 섭렵한 박식한 그였지만 아직도 어떤 사실에 확답을 얻지 못해 찾는 중이라고 변명하였습니다. 올봄 성지순례에서 끝까지 그를 붙들고 놓아주지 않는 문제가 바로 '예수 동정녀 잉태'와 '부활 승천'이라는 걸

알게 되었습니다. 환상적이고 비과학적이라 믿기지 않는다는 것이었습니다.

갈릴리 호숫가에서 50여 명의 순례자들이 지켜보는 가운데 세례를 받던 그에게 베푼 세례문답은 오직 하나 "하나님을 믿느냐" 그의 대답은 '예' 였습니다.

당신이 믿는 하나님은 '동정녀 수태' 와 죽은 '예수를 부활' 시킬 수 있는 능력이 있는 분. 전지전능 무소부재의 신이라 확신하는 믿음 속에 모든 답이 들어 있는 것입니다.

대화는 서로가 같은 수준이거나 비슷할 때 순조롭게 이루어지는 것이라 생각합니다.

4살짜리끼리 주고받고 하던가, 그렇지 않다면 성숙하다고 자만하는 자의 일방적 훈시이거나 독자적 주입식 강연일 수밖에 없습니다. 구제 금융에 관한 대화는 서로가 경제공황의 구제라는 한 명제를 놓고 열린 마음으로 대화를 했으나 예수가 '있다' '없다' 는 전혀 상반된 논제입니다.

목적이 다른 길은, 적어도 신앙의 길은 대화로 풀 수 있는 길이 아닌 것이라 봅니다. 내 길에 확신이 있는 자는 그대로 걸어가는 것이 옳을 것입니다.

내 믿음 내가 지켜야

교회 상록회를 둘로 재구성하였다는 발표가 있었습니다.

기존 65세 이상의 상록회가 활발히 활동하지 못한 이유는 기동력이 약하여 참여도가 낮았기 때문이라고 합니다. 많은 교회들이 거의 비슷한 문제를 안고 있지 않을까 생각됩니다.

연로한 성도들의 활동활성화를 생각하다가 문득 지난 주에 방문하였던 토론토 한인노인회가 떠올랐습니다. 남편 송 박사가 노인대학 종강에서 노인건강강좌를 부탁받은 까닭에 처음으로 복잡한 다운타운 길을 찾아 갔습니다.

올가을 노인회 증축기금마련 워커톤에 참석하여 기금 약간을 보탠 성의밖에는 어디에 있는지 조차 모르는 노인회관이지만 요즘 신문지상에서 한창 그 이름이 오르내리고 있어 몹시 궁금하기도 하였습니다. 좁은 골목 세멘층계를 예닐곱 개 올라간 언덕 위에 세워진 이층 주택건물은 출입구까지는 다시 나무 층계를 댓 층계 더 올라가야 했습니다. 겨울에 눈이 내리거나 얼면 이 층계를 어떻게 오르내릴까 걱정이 되기도 했습니다.

시간이 되자 계단부분만 빼고 그대로 확 터진 회의실에 접는 의자 100여 개가 부족하리만치 회원들이 빼곡히 차는 것이었습니다. 대부분 대중교통을 이용하여 온 회원들의 얼굴은 모두 상기되어 불그레했습니다. 점심식사 후 강의를 하기로 하여 지하식당에 내려갔습니다.

셀프서브로 메뉴는 밥과 김치, 그리고 대접에 따끈한 두부 한 모와 그 위에 얹은 양념간장 한 숟갈이 전부였습니다. 회장님 하시는 걸 보니까 두부를 젓가락으로 휘저어 잘게 부수더니 밥을 넣고 비비는 것이었습니다. 언제나처럼 부회장님이 손수 만드신 두부라고 감사 박수를 치더니 이게 바로 건강식이라며 화기애애하게 즐겁게 식사를 하는 것이었습니다. 눈물이 찔끔 한 건 보리차가 뜨거운 때문만은 아닌 듯 했습니다. 저렇듯 작은 것에 만족하며 감사하는 모습들이 목이 메게 했습니다. 비좁은 회관일지언정 저 분들의 힘으로 이루어진 둥우리라 생각하니 너무도 귀하게 여겨졌습니다.

94세를 의심할 정도의 고학환 회장님이 시범하는 대로 손발을 비비며 열심히 맨손체조를 따라 하는 회원들은 죄송스러우나 정말 말 잘 듣는 유치원 학생들 같았습니다.

60세 이상 90세에 이르는 노인회 회원들은 800여 명에 이른다고 합니다.

이제 자녀들을 다 성장 분가시키고 두 분 혹은 혼자로 이제 바쁜 짐 내려놓고 오직 자신의 영육의 건강을 위하여 바쁘지 않은 걸음을 걷는 삶을 영위하시는 분들이었습니다.

'몸이 한결 개운하시지요. 손발을 비비면 몸에 혈액순환이 잘 되어서 몸이 따뜻해지고 힘이 솟는 거에요. 이 운동을 매일 계속해서 하시면 건강해지세요. …우리 몸의 건강은 우리가 지켜야지 아무도 못 해 주어요.'

꼭 초등학교 학생들처럼 머리를 끄덕이는 노인들이었습니다. 오늘 유명한 강사님으로 초대된 송 박사는 며칠간 준비해 온 자료들을 프로젝터 스크린에 올려놓고 말하는 것이었습니다.

'여러 회원님들 앞에서 이런저런 의학 강의를 했다간 제가 봉변을 당하겠습니다. 너무 잘 아시고 또 실천까지 하시는 분들이니까요. 한 가지 중요한 건 나는 건강하다 내 생명을 감사하고 늘 웃으면서 사시라는 겁니다.' 그리고 강의 내용을 띄워 놓은 채 재미있는 이야기로 강의를 맞추는 것이었습니다.

노인회관 증축은 넓은 공간과 연로한 회원들의 교통편의가 주안점이라고 합니다. 화려하거나 웅장한 시설보다는 겸손하게 많은 회원들이 삶의 질과 즐거움을 나눌 수 있는 공간이면

족하다고 하였습니다.

참 행복한 건강은 육신의 건강 뿐 아니라 마음의 평화 영적 건강이기에 우리 성도들은 항상 영육간의 강건함을 추구하는 것입니다.

내 건강은 내가 지켜야 하듯 내 믿음 또한 내가 지켜야 되지 않겠는가 깨달았습니다.

온 교회에 건강한 어르신이 많은 것은 믿음의 기초 또한 튼튼하다는 의미가 되는 것입니다.

시종 웃음이 떠나지 않던 어르신들의 영육간의 강건함을 빌어 마지않습니다.

'오직 여호와를 앙망하는 자는 새 힘을 얻으리니 독수리의 날개치며 올라감 같을 것이요. 달음박질하여도 곤비치 아니하겠고 걸어가도 피곤치 아니하리로다' (사40:31)

갠지스강에서 드린 주기도문

'바르나시'는 인도에서 가장 오래 된 도시라고 합니다. 수도 '델리'에서 국내 항공선으로 2시간 반 정도 거리의 5천년 고도는 황사먼지로 뿌연 공기가 더위와 탁한 냄새로 범벅이 되어 척척 휘감기는 듯 했습니다. 포장되지 않은 거리를 따라 짚이나 판자조각, 나뭇가지 등에 넝마 같은 것으로 휘장친 움막들이 늘어 서 있고 쓰레기와 오물이 주위에 널려 있었습니다.

빨건 황토 먼지가 풀썩거리는 거리에 릿샤(인력거), 오토릿샤(모터 인력거), 자전거, 모터사이클, 승용차, 버스, 트럭, 그 사이로 아무렇게나 걸어 다니는 사람들과 소, 개, 염소까지 빈틈없이 꽉 메워서 비비며 밀려다녔습니다. '후응'하는 코끼리 울음소리 닮은 자동차 경적에도 끄떡없는 사람들과 그 지르는 소리들이 그저 한 덩어리 소리뭉치가 되어 귀를 멍하니 강타하였습니다. 손바닥만 한 가게 앞에 주인보다 더 많은 남자들이 모여 서서 웅성거리는 상가를 승용차로 지나기가 민망스러울 지경이었습니다. '어 저 사람 돌아서서 물줄기 뿜고 있네.' 너무 흔한 모습이었습니다. 삐쩍 마른 소들도 길에다 태연스럽게 버릴 것 다 버리며 돌아다녔습니다.

원래 인더스, 갠지스강 유역에서 발효한 인도문명은 힌두교 문명입니다. 인도문화를 조금이라도 엿보려면 힌두교문화를 스칠 수밖에 없지만 고작 인사할 때 합장하는 것이나 나라꽃이 연꽃인 것 외엔 특별히 더 아는 것이 없었습니다.

우리 부부의 안내자도 힌두교인이었습니다. 37세로 아내는 중학교 영어선생이라는데 놀랍게도 한국말로 유창하게 관광 안내를 하였습니다. 연꽃은 불교의 상징이지 않으냐고 물었더니 불교는 신이 없어서 종교가 아니라는 것이었습니다. 그의 말로는 불교는 깨달음이지 신을 믿는 것이 아니라서 종교가 될 수 없고 힌두교는 엄연히 신이 있음으로 종교라는 것입니다. '신이 너무 많지요' 덧붙였습니다. '자그마치 일백오십여 명이나 되는데 신 중에 제일 위는 누구고 네 번째 풍요의 신은 코끼리 얼굴이고, 신마다 팔이 다섯 개, 네 개 달려 있었습니다' '저 팔들은 하는 일이 각기 다른가요?' '아니요 그냥 많이 포용한다는 뜻이겠지요' 합니다. 고등교육을 받은 이들이 어떻게 비이성적인 힌두교를 저렇게도 순순히 받아들이는지 의아했으나 그것은 몇 천 년동안 내려온 그들의 생활 형태 같아 보였습니다. 태어난 대로 전통의 물살을 따라 거슬리지 않고 살아온 생활습관 때문인 듯 그 많은 신들의 이름이나 제대로 기억하는지 의문이었습니다.

'바라나시'는 힌두교도들의 성지라고 합니다. "Burning and Learning"의 도시라고도 소개하는데 그 의미는 갠지스강 유역에 집결되어 있었습니다. 인도 북부의 험준한 히말라야 산 눈이 녹아 흘러 벵갈만까지 3,500여 킬로미터나 이어지는 갠지스강은 어머니 혹은 강가라 불리었습니다. 새벽에 노젓는 배를 타고 강변을 한식경이나 떠다니다가 해맞이를 하였습니다.

갠지스강. 어둑한 강변 한편에서는 끊임없이 시체를 태우며, 한쪽에서는 순례자들이 목욕을 하고, 또 한쪽에서는 그 물을 조심스럽게 끓여 차이를 만들어 마시는 곳, 통옷을 넓적바위에 패대기치며 빨래하는 남자들도 있었습니다. 물위엔 생화받침의 촛불들이 가물가물 떠다니고 잡동사니 찌꺼기들이 몰려다녔습니다. 그 강은 시체를 태운 재와 화장할 수 없는 시체를 그냥 떠내려 보내는 곳, 물고기와 까마귀가 함께 서식하는 곳이기도 하였습니다. 오. 주여!

더럽고 악취가 진동하는 그 성지는 인간내면에 두텁게 침전된 오물을 휘저어 놓는 듯 속이 울컥거리고 어지러웠습니다.

캄캄한 밤 강가에 높이 설치된 돌층계(가 -트) 중간 무대에

선 힌두교 의식이 거행되고 있었습니다. 소똥연료를 태우며 북소리에 맞추어 춤추며 경을 읽습니다.

이방신들 틈에 갇힌 듯 숨이 막히던 나는 문득 다니엘을 떠올렸습니다. 창문 대신 열린 밤하늘을 향해 눈을 감았습니다. '하늘에 계신 우리 아버지 이름을 거룩히 여김을 받으시오며 나라에 임하옵시며…' 안내자가 우리를 데리러 오기까지 40여 분 동안 계속해서 외우고 또 외었습니다. 열 번, 열다섯 번… 무소부재, 전지전능의 하나님은 그곳에도 계셨습니다.

'오직 한 분이신 주를 찬송하며 담대한 마음으로 주와 함께 갈지어다.'

AWANA(아와나)

요즈음 부산에서 열리고 있는 아시안 게임 때문에 온 국내가 떠들썩합니다. 44개국에서 1만 3천여 명의 선수들이 모여들어 북적댄다니 그 많은 선수들이 저마다 제 나라의 명예와 승리를 위하여 내 뿜는 뜨거운 입김으로 항구도시인 부산은 숨이 막히게 달아올랐을 것입니다.

이번 아시안게임이 남북한을 똑같이 흥분시키는 데는 특기할 만한 일들이 몇 가지 있습니다. 우선 개막식에서 남북한의 남녀 선수가 성화에 점화를 하려고 함께 달려오던 일이라던지 한반도 기를 앞세우고 남북선수가 동시에 입장하던 일은 쉽사리 잊어버릴 수 없는 감격적인 장면이었습니다.

그러나 무엇보다도 더 흥미로운 것은 만경봉호를 타고 온 북한 여자 응원단입니다. 250여 명이나 되는 미녀들이 한배 가득히 타고 와서는 매너도 좋고 춤도 잘 추고 열성적으로 응원도 해서 큰 인기라고 합니다. 그 모습들이 얼마나 장관인지 게임보다는 북한미녀들을 보려고 일부러 부산까지 가서 경기장을 찾는 이들이 많다고 합니다. 많은 사람들은 통일이 눈앞에 다가서기라도 한 듯이 환호하고 기대에 차서 기뻐하기도 합니다. 그러나 시간이 흐르면서 승자와 패자가 생기고 사람들의 관심은 메달 수에 집중되는 것 같습니다.

어제 TV에서는 "꼴찌에게 갈채를"이라는 아주 흥미로운 프로그램이 방영되었습니다. 그것은 게임을 하는 족족 지기만 해서 완전히 꼴찌국가가 되어버린 '아프가니스탄'에 관한 특집프로였습니다. 18년 만에 '탈레반' 정권이 무너지면서 다시 아세안게임에 복귀하였다는 아프가니스탄 감독은 돈도 없고 준비도 미비하여 연습을 제대로 못해서 졌지만 세계적 게임에 참석할 수 있었다는 것만으로도 큰 보람이 있고 의의가 있는 일이라고 말하고 있었습니다. 잔치에서는 주인공이 어떻게 느끼고 있는가에 따라서 잔치의 가치가 확 달라지는 것을 확실히 깨달을 수 있었습니다.

오늘 성지교회에선 목사 위임식과, 장로 권사 안수집사의 임직식이 있었습니다. 13년 만에 있은 두 번째의 경사이고 축전이었습니다. 성지교회의 초창기부터 인연을 맺게 된 관계로 저는 13년 전 어렸던 오늘의 목사님 장로님 권사님 그리고 안수 집사님이 주안에서 성숙되어 가는 모습을 줄곧 지켜 볼 수 있었습니다.

안수식이 거행되는 동안 이 분들의 어깨에 드리워진 지난날의 교회의 고생스럽고 어려웠던 흔적들을 하나 둘 더듬으면서 나도 모르게 그만 눈물이 나고 말았습니다. 가장 가난하고 소외된 사람들이 살던 난지도에 천막교회를 개척한 이래 오늘의 이 아름다운 성지교회가 되기까지 밤낮으로 부르짖으며 간구한 많은 분들의 눈물이 나에게서도 저절로 흘러나온 것이었습니다. 목사님과 장로님의 답사도 눈물로 목이 잠기는 갈라진 목소리였습니다.

하지만 오늘의 눈물에는 또 다른 뜻이 담겨 있습니다. 내 기도를 들어 주실 뿐 아니라 나같이 허물 많고 어리석은 자를 주의 일군으로 인정해 주셔서 직분을 맡겨주셨다는 감격의 눈물인 것입니다. 인정받은 일군은 부끄럽지 않다고 했습니다.

'네가 진리의 말씀을 옳게 분변 하며 부끄러울 것이 없는 일꾼으로 인정된 자로 자신을 하나님 앞에 드리기를 힘쓰라' (딤후 2:15)

'Be diligent to present yourself approved to God, a worker who does not need to be ashamed, rightly dividing the word of truth.' (2Timothy 2:15)

지금 미국이나 국내에서 기독교인들이 벌리고 있는 AWANA(Approved workers are not ashamed. 인정받은 일군은 부끄럽지 않다) 운동은 주를 믿는 성도가 오랫동안 열심히 주의 말씀과 교훈으로 준비를 하였으면 주께 인정받은 자로서 주의 일을 하는데 부끄러움이 없이 담대하게 하자는 뜻도 들어 있습니다.

하나님의 일군은 경기에 참석한 것만으로 뜻이 있고 보람된 일이라고 만족해 할 수는 없습니다. 일단 경기에 임했으면 승리의 면류관을 얻기까지 내 이웃에 사랑과 은혜를 베풀면서 달려가야 할 주의 용사가 되는 것입니다.

나의 사랑하는 책

까마득히 물러선 새파란 하늘을 배경으로 은행나무들은 온통 노랗게 물들어 있었습니다.

그러고 보니 어느새 11월, 서늘한 바람이 코끝에 상쾌하니 가을이었습니다. 여름내 더위와 물에 시달리던 머릿속도 새 정신이 드는 듯 어지러운 줄거리가 하나씩 제자리를 찾아 바로 서는 기분입니다.

하늘이 높고 말은 살찐다는 천고마비의 계절이 되면 나는 먼 여행을 가고 싶어집니다. 좋은 책 몇 권 옆에 끼고 산과 물과 들녘이 아름다운 마을에 자리 잡고 앉아 독서 삼매경에 푹 빠져 지내다 오고 싶은 것입니다. 사람이 동물과 다른 것은 지성이 있기 때문이고 그 지성의 공급에는 책읽기가 빠질 수 없다는 것은 두말할 필요가 없습니다.

헌데 나의 책 읽기는 언제나 마음에 흡족하지가 못합니다. 큰 책방 앞을 지나노라면 나도 모르게 자석에 끌리듯 안으로 들어가 바닥에서 천장까지 층층이 쌓여 있는 책들을 마치 유리장에 진열된 찬란한 보석을 들여다보듯 황홀한 눈으로 훑어보며 지나갑니다. 어쩌다 엄마의 손을 붙잡고 다니면서 책을 고르느라 얼굴이 발갛게 상기된 어린이를 만나면 책도 어린이도 모두 보석 같이 아름답다는 생각이 들 때도 있습니다.

그런데 며칠 전 신문을 보니 어느 출판물 유통창고에 포장도 뜯지 않은 수십만 권의 책이 폐기되어 있다고 했습니다. 그 책들은 폐지 수집상에게 팔리고 다시 재활용하기 위해 잘게 부수어진다고 합니다. 이 때문에 생기는 국가적 손실도 엄청나서 수억 원에 도달한다는 이야기였습니다. 그 기사는 또 일 년에 대략 일만이천여 종의 여러 가지 출판물이 나오는데 반 이상이 출판사에서부터 폐지장으로 직행한다고 덧붙였습니다.

그런가하면 또 다른 문학 기사는 한 주일 혹은 한 달 단위로 베스트셀러를 열거하고, 오늘날의 문학이 흥미위주의 범주를 벗어나지 못하고 있다고 평을 하였습니다. 인간의 지성과 감성이 아울러 멸시 당하는 것 같아 마음이 아팠습니다. 하지만 다음 순간 나는 억압에서 풀려나듯 안도의 한숨을 쉬었습니다. 지난 세기 동안 언제나 베스트 텐의 윗자리에서 세계적으로 가장 많이 읽히는 책이 생각났기 때문입니다.

한때는 아무나 읽을 수도 없었고, 금서가 되거나 읽으면 처형당하는 수난을 겪기도 했지만 "성경"은 참지혜의 탐구를 갈

구하는 뭇사람들의 필독서임이 틀림없습니다.

지금부터 꼭 20여 년 전 중국에서 선교하던 지하교회 목사님은 몰래 가지고 들어간 성경 한 권을 뜯어서 66책으로 나누어 성도들이 돌려가며 읽도록 했습니다. 어떤 이들은 그것을 밤새워 누런 종이에 몽당연필로 한자씩 베껴 오랫동안 두고 읽는다고 했습니다. 자기 성경책 한 권을 가져보는 것이 평생 소원이라는 이들에게 성경 보내기의 방편으로 세워진 것이 '캐나다 한인문서선교회'의 시작이었습니다.

지금 우리는 얼마나 풍요로운 환경에 놓여있는가를 생각하면 이사야선지의 말씀이 귀에 쟁쟁합니다. 이 백성이 양식이 없어 주림도 아니며 물이 없어 갈함도 아니라 오직 여호와의 말씀의 기근으로 인한 굶주림이라고 꾸짖고 계십니다. 그러나 더욱 정성을 드려야 할 일은 어린 자녀들의 성경 읽기가 아닌가 생각됩니다.

어린아이가 두 돌쯤 되면 선물로 예쁜 어린이 그림성경을 선물하는 가정을 많이 봅니다. 어린아이가 당장 읽으라는 뜻이 아닙니다. 어려서부터 내 성경책을 가지고 책과 친근해지게 하기 위한 정서교육인 것입니다. 아이가 말을 하고 듣기 시작할 때부터 어머니는 매일 어린이 성경 이야기를 읽어 줍니다. 처음에는 무슨 뜻인지 모르더라도 반복 교육은 놀라운

효력으로 어린아이의 인성형성에 영향을 줍니다. 아이가 자라서 스스로 읽을 수 있게 되었을 때 어머니와 같이 읽는 성경시간은 얼마나 재미있고 유익한 시간들인지요.

요사이 우리의 어린아이들은 게임에 너무 빠져 있습니다. 더구나 전자책의 출현은 밑줄쳐가며 성경을 탐독하는 기쁨을 빼앗아갈뿐더러 점점 신앙적 대화의 기회를 상실하게 합니다. 아이들은 우리에게 맡겨진 하나님의 자녀입니다. 훗날 자녀들에게 사랑의 손자국이 배인 '나의 사랑하는 책' 한 권을 물려줄 수 있다면 우리는 분명 칭찬과 상급을 받는 청지기의 역할을 다했다고 할 수 있을 것입니다.

독서의 계절, 오늘부터 신구약 66권(구약: 39권, 신약: 27권), 1189장(구약: 929장, 신약: 260장), 30,993절(구약: 23,026절, 신약: 7967절)을 읽는 독서 삼매경에 들어 봄이 어떨지요. 하늘은 높고 내 영혼은 살찌는 충만한 결실의 가을이 될 것입니다.

꼬르꼬바도의 예수기념상

브라질의 리우 데 자네이루(1월의 강)는 세계 3대 미항(美港) 중의 하나입니다. 1950년대 말까지 약 200여 년 간 브라질의 수도였던 이 도시는 해안을 따라 높은 산이 병풍처럼 둘러쳐 있고 산 밑으로 빨간 기와지붕들이 하얀 모래사장으로 띠를 두른 비취색 바다와 나무가 울창한 숲 사이에 끼어 앉은 모습이 한 폭의 그림 같이 아름답습니다.

섬 끝에 위치한 공항을 향해 비행기가 그대로 바다에 빠져들 듯 내릴 차비를 하고 나면 제일 먼저 눈에 들어오는 것이 두 팔 벌리고 환영하는 예수상입니다.

해발 710미터나 되는 꼬르꼬바도(Corcovado 꼽추의 등산) 정상에 세워진 대속자 예수상은 브라질 독립 100주년 기념으로 5년간의 공사 끝에 1931년에 완공된 것이라고 합니다. 높이 38미터, 벌린 양팔의 길이 28미터인 이 기념상은 철 1,145톤이 소요되었고 외부는 작은 삼각형의 하얀 동석(soap stone)으로 덮여 있어 햇빛이 비치면 예수의 몸은 반사광선으로 눈이 부실 지경이었습니다. '리우'의 어느 곳에서나 바라보이는 이 거대한 예수는 낮에는 마치 흰옷을 나부끼며 달려와 두 팔 벌려 나를 반기는 듯 우리의 마음을 보듬어 주고, 어두운 밤이 되면 머리의 후광과 조명에 의해 구름을 타고 재림하는 듯 환상적이 되기도 해서 꼬르꼬바도의 대속자 예수는 확실히 브라질의 자랑이었습니다.

여행을 떠날 때부터 나는 마음속으로 작은 계획을 세웠습니다. 그것은 어떻게든 예수 상까지 가서 그 발을 만져 보고 또 예수님 얼굴을 더 자세히 보는 것이었습니다.

그러나 내가 220계단의 순례길을 따라 정상에 오르니 텅 빈 하늘에는 갈피를 잡을 수 없는 바람이 제멋대로 불어닥치고 예수님은 오히려 더 높이 달아나서 내 앞에는 그저 육중한 돌담만이 가로막고 선 기분이었습니다. 아무리 발돋음을 하고 팔을 뻗쳐도 8미터 기단 위의 예수님 발은 만질 수가 없고 아무리 고개를 힘껏 젖혀도 38미터 위의 예수님 얼굴은 볼 수가 없었습니다. 차가운 기단만 만져보고 수십 미터 떨어진 전망대에서나 예수님 얼굴을 볼 수 있었습니다. 나는 전망대 울타리에 기대어 멀리 산 아래 '리우'의 항구와 도시를 내려다보았습니다.

전 인구의 90퍼센트가 천주교 신자인 브라질의 옛 수도답게 여러 개의 성당 지붕이 뾰족 뾰족 보였습니다. 소년은 풋볼선수로, 소녀는 삼바무희가 되는 것이 인생의 지상목표라는 검갈색 피부의 사람들로 활기찬 거리가 숨바꼭질을 하듯 펼쳐 있었습니다. 저 아름답고 평화로운 도시가 마약, 절도, 강도 등의 범죄율이 높아서 관광객이 안심하고 다닐 수 없는 도시라던 안내인의 주의가 떠올랐습니다.

지진이 없고 기후의 구별이 없고 공해가 없는 데다 천연자원 지하자원이 무궁무진하면서도 지금은 세계에서 못 사는 나라 중의 하나로 자리 매김을 당한 이유가 무엇일까 생각하다가 나는 언뜻 예수상을 다시 바라보았습니다. 8미터의 기단 위에 38미터 높이의 예수님은 1,145톤이나 되는 육중한 무게로 꼽추의 등을 밟고 서 계신 것이 몹시 난처하고 고통스러운 것처럼 느껴졌습니다.

바로 발아래에서조차 분명하게 바라 볼 수 없는 먼 거리의 예수님은 참사랑과 공의가 그 힘을 발휘할 수 없는 단단한 상징물로만 세워 둔 때문이 아닐까 생각되었습니다.

'내가 곧 길이요 진리요 생명이니…' 라고 하신 예수님은 분명히 우리 마음가운데 거해야 하리라는 것을 깊이 깨달았습니다.

*(2007년 7월 이 조각상은 신세계 7대 불가사의로 선정되었음)

Somebody To Love

깜짝쇼라고는 했지만 정말 깜짝 놀랐습니다. 놀라운 감격으로 눈물까지 솟구쳤습니다.

어디에 있는지도 모르는 웰란드(Welland)라는 작은 시골마을을 지도에 올려놓게 하였다는 나이아가라 합창단의 싱-어-톤(sing-a thon)모금공연이 있었습니다. 지난해 11월 13일에 할렐루야(Hallelujah)를 불러 3천만 지구촌사람을 충격과 즐거움으로 열광시킨 지 꼭 3개월만 입니다. 그때는 합창단원이 전부 상가의 고객이나 일꾼들로 가장하고 먹거리광장 사방에 흩어져서 노래를 불렀으나 오늘은 중앙광장(Center Court)에 무대와 객석을 마련하고 백여 명의 단원들도 빨간 셔츠로 통일 되었습니다. '장미의 도시'(City of Rose)라는 별호가 붙은 과수원 고장에 이사 온 지도 벌써 3년이 됩니다. 씨웨이 몰(Seaway Mall)은 겨울동안 매일 걷기운동을 하는 천장유리창 채광이 밝은 깨끗한 상가입니다. 날씨는 잔뜩 흐리고 눈발까지 날렸지만 온 동네사람들이 다 모인 것 같았습니다. 합창단원들 중엔 걷기운동을 하면서 낯익은 얼굴도 더러 있고 머리가 하얀 할아버지 할머니들이 불룩한 배를 내밀고 젊은이들 속에서 자기 파트를 자랑스럽게 지키고 있었습니다. 아침 10시부터 오후 3시까지의 공연에서 오전 공연만 듣고 올 계획이었는데 장장 다섯 시간을 한자리에서 떠나지 않게 된 것은 우리가 목표한 Hallelujah 합창을 맨 끝 순서에 넣은 때문이 큰 이유였습니다. 우리는 테너로, 알토로 성가대와 대학합창단에서 할렐루야를 불렀던 먼 추억들을 뒤적이며 오늘의 노래를 감상하고 싶었습니다. 중간 중간에 시장, 국회의원, 시의원과 상가사장 등 지방 유지들이 나와서 축사와 인사말을 하고 성금을 내곤 했는데 그때마다 지휘자는 답례로 그들에게 지휘하는 법을 간단히 가르쳐 주고 노래 한 곡을 지휘해 보도록 지휘봉을 건네주었습니다. '…시의 모든 행정이 이렇게 지휘봉 하나에 조화를 이룰 수 있으면 얼마나 좋겠느냐' 는 시장의 소감에 청중들은 웃으며 뜨거운 박수를 보내기도 하였습니다. 오후에 들어서면서 50달러에서 백 달러를 걸고 지휘봉 경매를 하였는데 많은 사람들이 자원하여 신나게 지휘봉을 흔들었습니다. 서투른 지휘자는 긴장으로 얼굴이 벌겋게 상기되는데 청중들은 재미있어 깔깔거리느라 시간 가는 줄 모르는 즐거운 공연이었습니다. 우리도 용기백배하여 지휘봉을 잡아보고 싶은 충동이 솟구쳤으나 그대로 주저앉기를 여러 번 하였습니다. 그 많은 노래들 중 우리가 아는 노래는 '할렐루야' 밖에 없었기 때문입니다. 그것도 한국가사로. 완전히 동화되는 데는 3대라는 긴 세월이 흘러야 한다던가. 아직도 어림없는 문화적 이방인임을 투덜댔지만 젊은이로부터 노인까지의 합창은 완전한 화음을 이루며 마음 깊은 곳의 아름답고 순수한 인간 본연의 갈증을 출렁이며 채워주고 있었습니다.

이날의 깜짝쇼 중의 깜짝쇼가 벌어진 것은 노래를 부르는 사람이나 듣는 사람이나 모두가 하나 되어 노래를 들을 수 있는 이 시간을 마음껏 즐기며 행복해진 끝 무렵이었습니다. 발렌타인데이 특별 선물이라며 '썸바디 투 러브'(Somebody to Love)를 부르는 중이었습니다. 한 청년이 무대로 걸어 들어오더니 쏠로 소프라노와 한창 열창을 하는 테너의 마이크를 빼앗아 제목소리를 끼워 넣는 것이었습니다. 합창단원들도 관중들도 어! 하고 벌린 입을 다물지 못했습니다. 더욱 놀라운 것은 그 청년이 테너의 가사를 아주 잘 불러내는 데다 그것이 소프라노에게 주는 사랑의 고백이라는 것이었습니다. 얼결에 한두 소절 계속하던 합창도 엉거주춤 멎었는데 이번에는 그가 바닥에 무릎을 꿇더니 두 손 받들어 프로포즈를 하는 것이었습니다. 비로소 상황을 알게 된 공연장은 박수치는 소리, 감격의 한숨 소리로 흔들렸습니다. 실로 가슴 울컥하는 장면이었고 눈물을 닦는 모습들도 보였습니다. 그 청년이 브랜든 매터(Branden Mater), 사랑의 처녀는 사라 데 고이(Sarah De Gois)라 알게 되었고 사라가 약혼반지를 낀 손을 높이 들어 보이자 장내는 환성과 박수 소리로 요란하였습니다. 지휘자 리처드 쿠퍼(Richard Cooper)는 다시 합창을 지휘하였고 이 노래를 그들에게 선물하였습니다. 엄연히 공적인 행사를 훼방하였는데 아무도 불평하는 이가 없었습니다. 사랑이라는 낱말 한마디에 새로 피어난 꽃송이들처럼 만면에 웃음이 번지며 열광하는 이들을 바라보며 나는 점점 외곽으로 밀려나는 자신을 발견하였습니다. 될수록 감추면서 살아온 우리는 표현하지 못한 사랑을 깊은 사랑, 은밀한 사랑이라 빼긴 것인지도 모릅니다. 사랑에도 신선한 공기가 필요하다는 것을 이날 깨달았습니다.

공연이 다 끝났을 때 기념품 셔츠 판매대에 가서 Hallelujah 문구가 앞가슴에 뚜렷한 셔츠 두 벌을 샀습니다. 다섯 시간동안이나 앉았다 일어났다 무릎 아프게 목청껏 노래를 불러준 합창단원들에게 감사하는 마음으로, 남에게 즐거움을 주기위해 더 많은 연주를 할 수 있게 하는 모금에 동참하는 뜻으로,

그리고 이날 종일 예를 다하여 노래를 들어 준 고운 마음씨에 사랑을 표하는 정성으로. 서로 하나씩 건네주면서 해피 발렌타인 데이! (Happy Valentine Day).

5부

다메섹에 마중 나온 예수님 · 1
다메섹에 마중 나온 예수님 · 2
다메섹에 마중 나온 예수님 · 3
요단의 동편 · 1
요단의 동편 · 2
거룩한 산
시내산
사해와 소금기둥
베들레헴의 닭 울음소리
보고 들은 것
통곡의 벽

다메섹에 마중 나온 예수님 ·1

지난 2월 26일부터 3월 7일까지 서욱수, 고영민 두 분 목사님과 함께 우리 일행 38명은 성경의 땅 4개국(시리아, 요르단, 이집트, 이스라엘)을 순례하였다.

엠마오로 행하던 두 사람이 예수와 동행하면서도 그인줄 깨닫지 못했던 것처럼 우리를 마중하고 내내 우리와 한가지로 동행한 예수님을 그때는 알아보지 못했었다.

정말 어이없게도 내가 예수님을 깨닫게 된 것은 여행을 다 마치고 집에 돌아온 후였다.

시차가 5시간이나 되는 덥고 건조한 환경에서 열흘이 넘도록 강행군을 하다가 돌아온 우리는 폭설이 쏟아지는 추위 속에 감기 몸살이 걸리고 말았다. 응급으로 찾아온 병원 대기실에서 손에 잡히는 대로 잡지를 뒤적이다가 나는 신열이 싹 가시는 듯한 충격을 받았다.

성직자와 의사와 변호사가 골프를 쳤다. 앞의 팀이 걸리적거려서 칠 수가 없었다. 앞 팀은 장님들이었다. 비서에게 도울

수 있는 방안을 모색케 하겠다, 안과 전문의를 찾아보겠다, 이와는 달리 '밤에 골프를 치게 하는 것이 좋지 않으냐'는 우스개 현답이었다. 짤막한 그 이야기는 지난 나의 행적에 대비되면서 선명한 그림 하나를 보여 주었다.

본격적인 순례가 시작된 첫날 우리는 시리아의 다마스카스(다메섹)를 방문하였다. 좁고 우중충한 '직가'의 골목 끝에 있는 '아나니아 교회'에 들어섰을 때 널찍한 뜰 한편에 우뚝 솟아있는 조각상을 보았다. 예수를 좇는 사람들을 예루살렘으로 잡아오려고 살기가 등등하던 사울이 예수님을 만난 후 장님이 되었다가 '아나니아'의 안수로 다시 보게 되는 장면을 나타내는 조각상이었다. 영안이 떠진 '바울'은 이때로부터 이방

아나니아가 사울에게 안수하는 조각상

선교의 사도가 된 것이다.

성경의 땅은 비록 지명들이 그대로 전해져 온다고는 하지만 2천여 년의 세월이 흐르는 동안 많은 변화를 겪으면서 자취가 흐려져 있었다. 주위 경관은 물론이려니와 정치적 경제적 사회적 그리고 주변 국가들과의 관계 등 세태의 변화 속에서 그 시대의 흔적을 찾는 순례길은 마음의 눈으로가 아니면 볼 수가 없었다. 우리는 사도바울처럼 우리의 영안도 떠지기를 간구하여 매일 새벽예배를 드리며 박혁주 김태일 선교사님의 인도를 받아 시리아에서 세례요한의 목 무덤(우마야드 모스크)을 방문했었다.

요르단에서는 '에돔' 왕국의 수도였던 '페트라', 모세가 가나안 땅을 바라보기만 했던 '느보' 산, 그리고 '와디람' 광야에서 베드윈 텐트생활을 경험하였다.

이집트에서는 모세가 하나님의 십계명을 받았던 '시내' 산 등정을 하였고 이스라엘 족속들의 출애굽 여정을 따라 에돔, 암몬 족속들의 유적을 거쳐 예루살렘으로 입성하였었다.

이방민족은 지옥의 불쏘시게라고까지 혐오하는 선민의 오만함과 약속의 씨앗이 못되는 같은 아브라함의 후손들이 서로 죽고 죽이며, 빼앗고 쳐부수는 유태인과 아랍인들의 각박한 삶 속에서 내가 본 것은 '하나님은 계시나 예수님은 없다'

는 것이었다.

진위를 알 수 없지만 '다메섹'에 있던 세례요한의 목 무덤은 메시아의 오심을 담대히 증거하던 요한의 이방선교의 효시가 아니었을까 생각되었다.

요한과 바울이 생명을 걸고 증거하던 그 예수님이 2천여 년 후 11시간이나 날아온 우리들을 이끌고 갈릴리 가버나움 동산에서 말씀하셨다.

흑암의 골짜기에서 고통 받는 저들이 너희보다 죄가 더 있는 줄 아느냐. 내가 진실로 말하노니 아니라 너희도 회개치 아니하면 다 이와 같이 망하리라.

실제로 내 눈을 뜨게 하는 일은 아무도 할 수 없다. 성령밖에는…

엔게디의 야자나무 숲

다메섹에 마중 나온 예수님 · 2

시리아의 수도 다마스카스는 해발 700미터 고지에 위치한 세계적인 고도(기원 전 8000년) 중의 하나이다. 나아만 장군이 자랑하던 아마나 강(현재 바라다 강)과 바르빌 강(현재 이와지 강)이 있는 오아시스지역으로 예로부터 동서양을 연결하는 교통의 요지이며 상업과 종교의 중심지 역할을 해 왔다. 한국과는 국교가 없고 열린 사회주의 국가인 시리아는 골란고원을 빼앗은 이스라엘과는 여행객이라도 여권에 이스라엘 스탬프가 찍혀 있으면 입국을 거절할 만큼 아주 적대적이었다.

우리 일행은 사울의 눈을 뜨게 한 '아나니아 교회'를 둘러본 후 바울이 밤중에 제자들의 도움으로 광주리에 담아 내려져 도망한 '사도바울 창문교회'를 지나며 올려다보았다. 사도바울에게 닥쳤던 생사의 긴박함은 오늘의 나에게까지 복음이 전해지게 하기 위한 섭리의 박해였다는 새로운 깨달음이 봇물처럼 감사한 마음을 솟구치게 했다. 다마스카스 여행에서 여인들의 검은 아바야 차림은 선듯 다가갈 수 없는 저항감으

아바야를 입은 일행

로 내내 우리를 긴장하게 했었는데 내가 그걸 입어야 될 줄은 몰랐었다. 오마이야드 모스크(세례요한의 목 무덤)에 입장하려면 여자들은 모두 우비 같은 거무죽죽한 가운을 머리에서부터 들쳐 입어야만 되었다. 이슬람법으로 여자들은 외간남자들에게 머리카락을 보이거나 얼굴 이외의 다른 부분의 살을 보여서는 안 된다고 한다. 무더위에 손끝까지 가려진 긴 가운을 입고 신을 벗어들고 몰려가는 가련한 우리 여인들은 그래도 무슬림 여인이 아님을 얼마나 감사했는지 모른다.

이 사원은 이슬람사원의 대표적인 건축양식을 보여주며 사원 안팎을 금박으로 장식한 모자이크작품도 아랍모자이크예술의 백미라고 할 만큼 최상의 화려함을 자랑하는 사원이다.

화재와 전쟁과 지진으로 손상을 입어 화려한 장식들이 얼마 남아 있지 않았지만 대리석으로 깔린 넓은 마당(100x157평방미터)에는 3개의 탑(우물, 보석함, 모래시계)이 있으며 주변건물의 높이는 20미터나 되는 웅장한 모습이었다. 모스크 안엔 의자가 없었다. 누구나 들어오면 신을 벗고 바닥에 앉아야 되며 무릎을 꿇어 엎드려 기도하는 평등한 장소임을 말해준다. 그러나 기도하거나 코란을 읽는 사람 뿐 아니라 가족, 친구끼리 함께 와 소곤거리며 이야기를 하거나 심지어 누워 자는 사람까지 있어 모슬렘들에게는 열린 장소이기도 하다.

동쪽 중앙에 녹색의 창문으로 구성된 세례요한의 목 무덤이 있는데 이는 그가 수리아에까지 알려진 의인이었으며 이 사

세례요한 목 무덤

원이 다메섹에서 가장 좋은 장소였기 때문이라 한다. 당시 이스라엘은 사형권이 없어 세례요한의 목을 벤 헤롯 안디바는 갖가지 죄명을 씌워 그 목을 수리아 총독에게 보냈고 그는 이곳에 그 목을 묻었다고 한다.

예수님은 세례요한이 엘리야의 현신이요 여자가 난 자 중에 가장 큰 자(마11:10, 11)라 하셨고, 요한은 예수님께 세례를 주고 세상 죄를 지고 가는 하나님의 어린 양이라 하였다. 또 저는 흥하여야겠고 나는 쇠하여야 하리라 하여 신약과 구약을 연결해 주는 마지막 선지자가 되었다. 그 앞에 엎드려 절하는 사람들을 보니 귀에서 세례요한의 큰 목소리가 울렸다.

회개하라 천국이 가까웠느니라… …회개하라 심판이 가까웠느니라.

다메섹에 마중 나온 예수님 · 3

성경의 땅을 순례하면서 제일 많이 접하게 되는 것이 '아바야'와 '광야'였다. 아바야는 우비같이 머리에서부터 내려 입는 무슬림 여인들의 검은 평상복이고 광야란 성경의 역사가 이루어진 끝없이 펼쳐진 거친 들판이다.

하미디아 시장은 길이 300미터에 천정이 덮인 시끌벅적한 전통양식의 시장이었다. 흥미로운 것은 반짝거리는 구슬장식이나 금은실로 수를 놓아 화려하기가 비길 데 없는 드레스들을 기웃거리는 여인들의 옷차림이었다. 검정색 아바야의 무리는 마치 찬란한 옷들은 겹겹이 진열장 속에 걸려 있는데 검은 그림자들만 튀어 나와 땅을 휩쓸며 걸어 다니는 듯 공연히 등골 서늘한 느낌마저 들게 하였다.

박혁주 선교사의 설명에 의하면 아름다운 옷은 축제 때 주로 무희들이 입거나 결혼식에 참석할 때 주인을 기쁘게 하기 위해 하객들이 입는다고 하였다. 하지만 아내를 넷씩이나 둘 수 있는 그들의 관습상 한 남편을 향한 여인들의 경쟁이 대단

해서 집에서는 화려한 옷을 입고 있는 경우가 많다고 한다.

아바야는 여자는 외간남자에게 머리나 신체의 부분을 나타내지 말아야 되는 이슬람 법(코란)에 따른 평상복이지만 보수적인 사람들은 아예 얼굴까지 가리는 차드르를 입기도 한다. 통풍이 잘 되며 강한 햇빛과 모래바람이 몰아치는 사막의 기후에 가장 적절한 복장이라는 긍정적인 면도 있지만 여자의 순결을 지키기 위해서라는 다분히 남성중심적인 옷이다.

중동지방은 사우디아라비아뿐만 아니라 도심지에서 조금만 벗어나면 끝없이 거친 벌판 광야가 펼쳐진다. 세례요한은 광야에서 메시아의 오심과 하나님을 떠난 인간들의 회개를 촉구하는 '광야의 소리'를 외치며 예수님의 첩경을 평탄케 하였다.

사도 바울은 아라비아 광야 도시 보스라에서 3년간 구약성경과 신약성경을 접목시키고 바울서신의 기초를 닦았다. 그러나 이 광야에서(보스라) 마호메트는 기독교 네스토리안파 수도사 바히라(Bahira)에게 구약성경을 배우고 기독교나 유대교에 입문하려 하였으나 이방인이라 하여 배척받고 그들만의 이슬람교를 창설하였다고 한다.

애석하게도 마호메트가 배운 성경은 단성론을 중심으로 한 기독교의 이단이었다.

하나님은 모든 사람에게 평등하고 예수는 선지자의 한 사람이며 마호메트는 마지막 선지자로 예수님의 자리를 차지한다는 것이다. 평등하다면서 성 차별의 괴리도 엿보이게 하였다. 메시아의 오심을 전하고, 복음이 이방에까지 전하여지게 한 성경의 땅은 이 때문에 아직도 짙은 어둠에 싸여 있었다.

여자들의 개성과 인격을 송두리째 뒤덮어버린 검은 휘장을 확 제치고 저들의 마음 문을 열게 할 수 있는 길은 무엇일까? 뽀얀 먼지를 일으키는 광야를 달리면서 내내 생각했었다. 높고 낮은 구릉으로 끝없이 이어진 벌판, 그러나 그 광야에는 창세 때부터 오는 말씀으로 쉼 없이 메아리 치고 있음을 그때서야 깨달았다.

여자를 돕는 배필로 동등하게 지으신 하나님은 선민도 이방

광야 모세의 샘

인도 모든 만민이 다 '나의 사랑하는 자녀라', '너는 내 것'이라 하신다. 우리 죄 대신 죽으시고 부활하신 예수는 우리의 소망이며 그 소식은 복음이다.

'바울은 씨를 뿌리고 우리는 열심히 물을 주되 거두시는 이는 하나님이시라'

요단의 동편 · 1

요르단은 성경에서 이스라엘 다음으로 많이 언급되는 요단 동편 지역이다. 중동의 중심부에 위치하고 있으며 서는 이스라엘, 북은 시리아, 동은 이라크, 남으로는 사우디아라비아, 이집트 등과 국경을 접하고 있다. 남한만한 면적의 왕국(요르단 하심 왕국)으로 현 '압둘라' 국왕은 이슬람교 창시자 마호메트의 43대손이라 한다. 성경적으로는 '아브라함'의 조카 '롯'의 후손 모압, 암몬과 '에서'의 후손 에돔의 땅이었다. '야곱'과 그의 형 '에서'의 관계, '모세'와 '이스라엘의 출애굽 38년의 행적', '여호수아' '사울' '다윗' 등 셀 수 없이 많은 역사의 현장이기도 하였다. 뿐만 아니라 요단 동편 2Km에는 엘리야의 승천터이며 세례요한의 세례터이자 예수님이 세례받으신 베다니(현 지명 '와디 까르라') 언덕도 있어 성경의 땅임을 강조하고 있다.

우리는 에돔 왕국의 수도였던 페트라(=바위) 유적과, 모세의 출애굽 발자취를 따라 와디럼 사막과 아르논 계곡, 그리고 모세의 마지막 종착지인 느보산에 올랐다. 첩첩이 둘러싸인 험준한 바위산을 깎고 다듬어 조각품처럼 피워 낸 페트라 문화의 웅장한 모습은 수천 년 동안 갈 바를 모르고 불어친 바람에 긁히고 뚫려서 오히려 기괴한 중압감으로 우리를 짓눌렀다. 갈색 파도마냥 끝없이 굽이진 와디럼 사막에서 보낸 베드윈 천막의 밤은 외투까지 입고도 덜덜 떨렸지만 짙남색 궁창에는 밝은 별들이 쏟아 부은 수정처럼 빛나고 있었다. 비록 잠은 설쳤지만 모래바람을 막느라 스카프로 얼굴을 반 넘어 가린 우리들은 사륜구동 짚차로 새벽 여명의 사막 위를 달리면서 '아라비아의 로렌스'가 된 기분을 즐겼었다.

아르논 계곡(현재 명 와디무집)은 요르단의 그랜드캐니언이라 불릴 만치 깊고 지세가 가파른 골짜기였다.(폭4-8Km, 깊

이 4백-1천m, 길이 45Km) 에돔과 모압을 돌아 출애굽한 이스라엘 백성에게 아르논 강을 건너서부터는 싸워서 그 땅을 얻으라(신 2:24)하신 약속의 땅 앞에 가로 놓인 험준한 계곡이었다. 6세기경 아랍에 정복당한 후 '큰소리를 내며 흐르는 골짜기'라는 의미의 '알무집'이라 불리기도 했으나 지금은 댐 하류지역으로 냇물이 졸졸 흐르고 있을 뿐이었다.

모세의 마지막 종착지인 느보산에 오르기까지 걷기도 하고 버스에 흔들리기도 하면서 2백만이나 되는 이스라엘백성을 인도하는 모세를 그려보았다.

수천 년 전 큰소리를 내며 흐르던 강물은 메마르고, 물 없는 사막만 더 깊어진 성경의 땅은 아직도 이스라엘과 에서의 미움에서 시작된 적대감정이 깊게 뿌리내리고 있었다.

장자권을 빼앗긴 에서의 후손은 이스라엘이 에돔 땅을 지나는 것을 거절하였고 40여 년 간 길 아닌 길을 헤매게 하였다. 그러나 나는 짚차바퀴 밑 모래땅 위에도 길이 있음을 보았다. 깊고 가파른 골짜기에도, 높고 거친 바위 산 광야에도 2백 만 명의 발자욱이 만들어 낸 길이 틀림없이 있었다. 모세에게 명하시던 음성이 나에게도 메아리쳐 왔다.

가라. 너는 이 지팡이를 손에 잡고 가서 사랑을 전하라.

요단의 동편 · 2

느보산은 모세가 약속의 땅 가나안을 바라보기만 하고 죽은 비스가산 정상에 있다. 느보산 전망대에 세워진 나침반 도표에 따르면 곧바로 멀리 사해와 요단강, 여리고와 요단 계곡이 보이며 맑은 날엔 예루살렘도 보인다고 한다.

모세는 하나님의 능력의 지팡이를 손에 잡고 이적과 기사를 행하면서 40년간 이스라엘백성의 출애굽여정을 인도하였다.

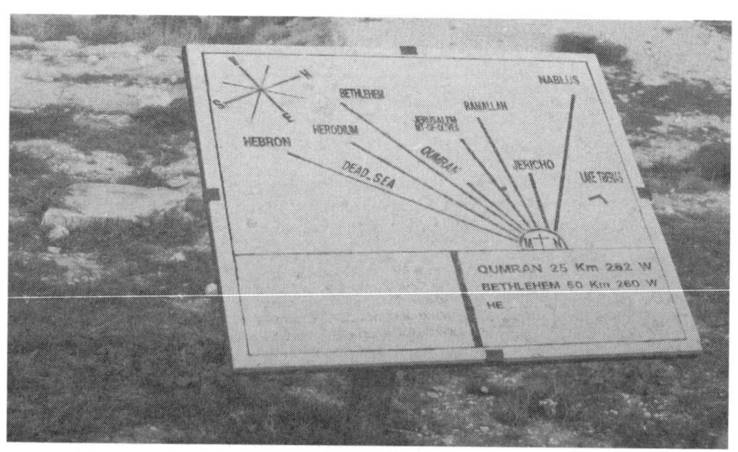

느보산 전망대에 세워진 나침반

그러나 므리바에서 마실 물이 없어 불평하는 백성들을 향해 지팡이로 바위를 두 번이나 내려치며 물을 내고 여호와께 영광을 돌리지 않은 혈기로 인해 여호와의 진노를 샀다. 단 한 번의 실수였으나 그것은 하나님께 불순종한 죄였기에 그토록 간절히 구했지만 거절당하고(신 3:23-29) 마침내 그가 죽음으로 모세5경은 여기서 끝이 나게 되었다. 그의 나이 120세였으나 눈이 흐리거나 기력이 쇠하지 아니하였으며 모세 이후로는 이스라엘에 그와 같은 선지자가 나지 아니하였다고 기록될 만큼 그는 하나님과 직접 대면하던 위대한 선지자였다.

모든 것을 돌보시며 넘치도록 공급해 주시는 은혜를 친히 경험했으면서도 계속해서 불평을 해대는 이스라엘 백성들은 참으로 믿음이 적은 무리들이라고 생각했었다. 430년이나 종되었던 땅에서 젖과 꿀이 흐르는 가나안으로 인도하시면서 40년간 물을 내고 만나를 먹이며 옷도 신발도 헤어짐이 없게 하신 여호와를 그들은 거듭 배신하였었다. 그러나 요단 동편 성경의 땅을 밟으면서 그들 중에 끼어 있는 나를 수시로 발견하였다.

뙤약볕이 내려 쪼이는 광야길, 끝이 보이지 않는 사막에서 얼마나 갈증이 심했을까? 어린아이와 심히 많은 생축까지 이끌고 길 아닌 길, 바위산 골짝 길을 쉬지 않고 걷는 일이 얼마나 힘들고 고통스러운지 피부에 느껴질수록 앞장 선 내 모습은 더욱 뚜렷이 보였다. 선하고 온전하신 뜻의 연단을 참지 못하고 당장의 불편을 항의한 경우가 비일비재인데 내게 허락된 분수에 넘치게 만나를 더 거두려고 욕심부린 일은 또 얼마나 많은가.

느보산을 바라보니 하나님이 전부였던 위대한 선지자의 모습이 눈에 어리는데 왜 그런지 나에게는 물 때문에 그 자리에서 죽은 모세에게 죄스러움만 뭉클거렸다.

물이 없어 육신의 갈증으로 모세를 죽게 한 우리는 2천여 년 전 생명수의 근원을 바로 찾지 못해 메시야를 십자가에 못

요단강

박았다.

요단의 동편. 그곳은 아직도 수많은 인구가 물이 없어 죽어 가고 있었다. 영혼을 소생시키는 참 생명수를 어디서 찾아야 될 것인지, 먼저 된 자의 사명을 어떻게 이행하여야 될지 큰 숙제였었는데 나는 암만 공항에서 어려운 문제를 풀었다.

공항에서 통관이 금지된 물품 중에 물이 포함 된 것은 아주 최근의 일이었다. 비행장 안에서 산 물병을 들고 검색대에 섰더니 검사관이 물병을 가리키며 무어라고 하였다. 무안해진 나는 얼른 물병을 내려놓았다. 이번에는 마시는 시늉을 하면서 또 중얼거리기에 마개를 따서 한 모금 마시고 병을 놓고 돌아서는데 큰소리로 부르며 손사래를 쳐댔다. '가지고 가라'는 것이었다. 그 순간 섬광처럼 번쩍 깨달아지는 것이 있었다.

므리바에서 이스라엘 족속은 과연 여호와께서 우리를 돌보시는가 시험하였었다. 내가 먼저 마시고 생명수임을 증거하여야 되는 것을 웅변으로 일깨워 주었다.

'내가 주는 물을 먹는 자는 영원히 목마르지 아니하리니 나의 주는 물은 그 속에서 영생하도록 솟아나는 샘물이 되리라' (요 4:14)

거룩한 산

하나님의 산 '호렙'은 모세가 불붙는 떨기나무 속에서 처음으로 여호와를 만난 곳이었다. 430년 간 종 되었던 땅에서 출애굽의 대사명을 모세에게 부여하신 장소였다(출 3:1). '호렙' 산은 또한 엘리야가 자기 생명을 찾는 이세벨을 피하여 여호와의 사자가 공급한 물과 떡을 먹고 40주야를 행하여 도달한 곳이기도 하였다.

엘리야는 '하사엘'을 아람 왕으로, '예후'는 이스라엘 왕으로, 엘리사는 선지자로 세우라는 예시를 이곳에서 받았다.

'시내산'은 여호와께서 이스라엘 족속에게 스스로 성결케 하고 산을 범하지 말라 명하시고 산 정상에서 모세에게 십계명과 율례를 주신 산이었다.(출 20, 21). 또한 '나는 너의 하나님이 되고 너는 내 백성이 되리라' 언약하시고 자비롭고 은혜롭고 노하기를 더디하며 인자와 진실이 많은 여호와라고 자신을 밝힌 곳이었다. '시내산'의 발음이 신의 산(神의 山)과 같아 신기하기도 하지만 나에게는 신애산(神愛山), 신의산(神義

山)이 더욱 하나님의 성품을 적절하게 드러내는 이름이라 생각되었다.

'시내산'은 높이가 2,285미터나 되는 험준한 산이었다. 우리가 머문 호텔이 해발 1,500미터의 고지에 있다고는 해도 오르기에 만만치가 않았다. '시내산' 등정에는 산의 3분의 2지점까지 낙타를 타고 거기서부터 정상까지 도보로 오르는 것과 처음부터 걷는 두 가지가 있었다. 우리 부부는 걷기로 하였다.

비록 수천 년의 세월 저 쪽에 있었던 일이긴 해도 '신을 벗으라' 하신 거룩한 산을 반드시 걸어서 올라가리라 작정하고 이를 위해 2개월간 매일 1시간씩 걷기 연습을 했었다. 칠흑같이 깜깜한 새벽 2시에 손전등 하나 의지하고 앞사람 발뒤꿈치만 따라 올라갔다. 산 협곡에서 몰아치는 세찬 바람에 숨이 콱콱 막히고 온몸은 땀에 젖기 시작하였다. 배낭을 대신 메어주고 높낮이가 들쑥날쑥한 바위 돌층계를 오를 때마다 내 팔을 굳게 잡고 끌어 주던 도움이 없었으면 시내산 등정은 불가능했을지도 모른다.

마침내 더 오를 곳 없는 산 정상에 올라섰을 때 온몸이 덜덜 떨리는 것은 땀이 식은 추위 때문만은 아니었다. 저절로 그 자리에 무릎 꿇고 찬양과 경배를 드렸다.

목이 곧은 백성이 끝내 배신할 것을 알아 화목제의 길을 열

해 떠오르는 시내산

어두신 하나님이 두려움보다는 자비와 은혜가 충만한 사랑의 아버지로 강림하고 있었다.

호렙산과 '시내산'은 결코 동일한 산이 아님을 창공에 가득 찬 숨소리로 일러주셨다. 내가 원하는 길로 다니던 신을 신고 오른 산은 '호렙' 산이며, 내 신을 벗고 하나님이 원하시는 길로 걷게 하는 산이 '시내' 산 임을 깨닫게 되었다.

뾰족뾰족 솟아있는 산 봉우리사이로 빨간 점 하나 솟아나더니 우리 모두가 달랑하니 구름 위에 떠 있음을 비쳐주었다. 흑암과 혼돈을 가르던 예리한 빛줄기가 나의 폐부를 찌르는 듯 일순간 숨은 멎고 머리와 가슴속에서는 텅텅 빈소리만 울

엘리야의 샘

려왔다. 너는 내 것, 내 사랑하는 자녀라…

모세와 엘리야가 여호와를 만난 산봉우리는 어디쯤일까 사방을 둘러보았다. 모세의 무덤은 이 땅에 없다. 엘리야는 들리어 올라갔다. 그리고 예수는 부활 승천하였다. 시내산은 눈으로 볼 수 없는 곳, 우리 모두의 마음속에 있음을 비로소 알게 되었다.

'땅 위의 성도는 존귀한 자라' (시 16:3)

너는 성별되어야 하느니라. 나를 거룩하게 만들어 주는 산 시내산(神의 山)은 하나님의 산이다.

시내산(神의 山)

시내산에서 모세는 십계명을 받았다. 이는 이스라엘 족속이 하나님의 백성이 되기 위하여 지켜야 할 명령과 율례였다. 그는 떡도 먹지 않고 물도 마시지 아니하고 40주야를 함께 있으면서 여호와께서 두 돌판에 새겨준 언약의 말씀 곧 십계를 받아 가지고 산 아래로 내려왔다. 십계명이 적힌 두 돌판은 만나가 담겨진 항아리, 아론의 싹 난 지팡이와 함께 언약궤 (혹은 법궤, 증거궤) 안에 보관되어 성소의 가장 깊숙한 곳 지성소에 비치되어 있었다. 지성소에는 아무도 접근할 수 없고 오직 대제사장만이 일 년에 한 번 대속죄일에 안으로 들어가 이스라엘 전체 백성들을 위해 속죄의식을 거행하고 하나님의 뜻을 물을 수 있었다.

그런데 실제로 그 법궤는 지금 어디에 있을까가 오랫동안 이어온 의문이었다.

솔로몬 왕이 예루살렘에 처음으로 성전을 짓고 법궤를 두었던 시대(주전 970-주전 930년)부터 그 이후까지 그곳에 있던 법궤는 주전 6세기경에 사라졌다고 한다. 학자들에 의하면 바벨론에 성전이 유린당하던 주전 586년경에 없어진 것으로 추측한다. 그러나 수세기동안 에티오피아의 기독교인들은 법궤가 에티오피아 북쪽 산지 '악삼'(Aksum)이라는 작은 마을의 예배당에 안치되어 있다고 주장하여 왔다.

폴 라파엘이란 사진기자가 사실의 진위를 가리기 위해 1주일간 현지를 답사한 후 '잃어버린 법궤의 보관자'라는 흥미로운 기사를 스미쏘니안 (Smithsonian)잡지(Dec.'07)에 실었다. 이에 따르면 솔로몬 왕과 구스(현 에티오피아)의 여왕 '시바'의 아들이 메네릭인데, 법궤는 메네릭이 솔로몬 왕을 방문하고 올 때 수행원이 훔쳐온 것인 바, 만지기만해도 죽임을 당하는 법궤가 있었음에도 무사하였던 것은 저를 기뻐함이라고 주장하였다.

에티오피아의 마지막 왕 살라시에는 225대로 그는 솔로몬의 후손임을 1931년과 1955년 헌법에 기록하고 그의 나라는 법궤를 보관할 책임이 있다고 하였다. 폴은 에티오피아에 있는 법궤가 성경에 기록된 양식과 같은지, 법궤관리인은 법궤의 위력을 본 적이 있는지, 법궤를 위해 목숨을 걸만큼 헌신적인지가 알고 싶었다. 하지만 그가 알아낸 것은 일단 법궤관리 수도사로 임명되면 예배당 안에서 죽을 때까지 밖에 나오지 못

시내산 정상에서 바라본 산맥들

하며 왕이나 어느 누구도 그 안을 볼 수 없다는 것이 전부였다.

시대적이나 상황으로 비추어 허망하기 한이 없는 이야기에서 표적을 구하던 제자들의 모습이 보이고 아직도 그 무엇인가를 찾아 헤매는 우리의 어리석음도 크고 선명하게 보였다.

생의 마지막이 이르렀을 때 모세는 이스라엘 백성에게 계명을 지킬 것을 강조하였다. '너희는 이 말씀을 마음에 새기고 또 그것을 네 손목에 매어 기호를 삼으며 네 이마에 붙여 표를 삼고 네 입에서 떠나지 않게 하라' (신 6:6-8)

일 년에 한 번 대제사장이 드리던 속죄제로도 감당할 수 없이 우리 죄가 중하고 무거울 때 끝까지 포기하지 않는 하나님

시내산 등정을 위한 낙타들

의 사랑이 그 아들 예수를 대신 제물로 삼으셨다. '다 이루었다.' 예수님이 십자가상에서 마지막으로 절규하고 운명하실 때 성소 휘장이 위로부터 아래까지 찢어져 둘이 되었다. 계명 중의 계명이며 율법의 마침이신 '사랑'으로 인해 우리는 제단 앞에 직접 나가 회개하며 속죄할 수 있는 만민 제사장이 되었으며 성별된 주의 자녀가 된 것이다.

시내산은 또한 사랑의 산이기도 하다.

사해와 소금기둥

소금이 제 맛을 잃으면 무엇에 유익하리요

이집트의 타바 국경을 통과하여 이스라엘로 건너오면 곧 이어 강줄기를 만나게 된다. 사해바다. 소금의 바다 염해인 것이다. 바다를 오른쪽에 끼고 1시간 정도 달리면 왼쪽 언덕 위에 우뚝 선 흙색 바위가 보인다. 소금 기둥이 된 롯의 아내라고 한다. 이 지역은 길가에 널려 있는 작은 조약돌마저도 흙먼지를 뒤집어 쓴 돌소금 덩어리고 거친 바위 언덕도 긁으면 짠맛이 나는 소금골이었다.

해수면 보다 400m 정도 낮아서 세계에서 제일 낮은 지역에

속하는 이곳, 사해는 남북의 길이가 75Km, 가장 긴 동서의 폭이 18Km나 되어 갈릴리 호수의 6배 가량 크다고 한다. 일반 바닷물보다 염도가 8배 (30%)가량 높아 어떤 생명체도 살 수 없지만 요단을 비롯한 여러 지류로부터 많은 광물질을 포함한 물이 하루에 5백만 톤이나 들어온다고 한다.

엔게디의 사해온천장은 피부, 질병치료에 탁월한 효력이 있다고 널리 알려져 있어 일행들은 모두 머드(Mud, 진흙) 찜질을 위해 바쁘게 헤어져갔다.

90년도 처음 성지순례 때, 소금 기둥을 보지 못해 서운했었으나 그 대신 사해바다에 수영복을 입고 들어갈 수 있는 특별한 기회가 있었다. 30분 이상 물 속에 몸을 담구지 마라, 머리를 담구지 마라, 물이 눈에 들어가지 않게 하라, 마시지 마라… 단단한 주의사항에 정말 사람이 뜰까 반 귀로 들으며 물에 들어갔었다. 무릎까지 물이 오른다 싶었는데 다음 걸음을 떼어 놓으려는 순간 갑자기 딛고 서 있던 발이 뒤에서 밀치기라도 하듯 둥실 뜨더니 그대로 뒤로 자빠지게 하는 것이었다. 물위에 누워서 책을 보는 선전 광고가 과장만은 아니었다. 30분은커녕 10분도 못 되어 뛰쳐나온 피부는 새빨갛게 불에 덴 듯 따갑고 쓰라렸다. 높은 망대에 달아놓은 샤워대까지 달려오는 불과 몇 분 사이에 물이 마른 온몸은 하얗게 소금으로

덮이는 것이었다. 여행이 끝나고도 오랫동안 피부가 벗겨지고 아프던 고생은 지금까지도 생생하다.

오늘 소금 기둥을 바라보니 새삼스레 옛 일을 되짚어 보게 된다. 롯의 아내는 왜 뒤를 돌아보았을까? 소돔의 안락함과 재물에 미련을 둔 때문에? 정말 그게 전부일까?

첫 성지순례 때나 지금이나 나는 성경의 사실들을 체험하기 위해 고된 여행을 하였다. 직접 보고 만지며 확신을 얻으려고 노력한 마음 저 바닥엔 호기심이 도사리고 있다는 것을 이제사 발견하고 깜짝 놀랐다. 호기심. 그것은 의혹에서 출발하고 의혹은 불신의 다른 모습이라는 걸 깨닫게 된 것이다.

'멸망시키리라'는 말씀을 확인하고 싶었던 호기심은 단순한 명령불순종이 아니었다. 소금 기둥은 말씀을 변개치 않고 보존하여야 된다는 진리를 웅변으로 말해 주고 있었다.

너희는 세상의 빛과 소금이라. 오늘도 나의 참맛을 지키려 애쓰고 고심한다.

베들레헴의 닭 울음소리

베들레헴의 첫새벽은 닭 울음소리가 깨워주었다. 도대체 몇 마리나 되는 것인지 가늠조차 할 수 없는 닭 떼들의 합창은 음색이나 높낮이의 변화 없이 연창이라도 부르듯 끊임없이 어스레한 산마을을 뒤흔들고 있었다. 새들은 후두 대신 가슴 속에 명관이 자리 잡고 있어 노래를 잘 하도록 하여준다고는 하지만 같은 조류과에 속한 닭울음소리는 특이한데가 있었다. 꼬끼~요오~~. '끼'에서 악센트를 높인 목소리는 '요오~'에서 더 날카롭게 옥타브를 높이면서 길게 끌기까지 해 그야말로 목청이 터질듯이 우는 것이었다. 숨이 넘어갈듯이 울어대는 저 소리는 새아침이 밝아오는 환희의 노래이기보다는 무언가 더 깊은 호소력을 지닌 부르짖음처럼 들려왔다.

오늘, 팔레스타인 정착촌이 된 다윗성 한복판에서 들리는 닭 울음소리는 하루의 시작을 결코 가볍게 내디딜 수 없는 육중한 무게로 내 발을 선 자리에 묶어 놓았다.

유다의 성 중 가장 작은 성읍이지만 결코 그 이름이 작지

베드로통곡교회 안내표

않으리라 한 베들레헴은 예수님이 태어나신 곳이자 또한 다윗왕의 고향이기도 하였다. 다윗은 '내 마음에 합한 자'라 일컬음을 얻을 만큼 하나님의 사람이었으나 부하의 아내 (밧세바)를 빼앗은 일로 인해 진노의 벌을 받았다. 고난 중에 시편 중 73편을 저술하며 참 회개와 믿음으로 거듭난 그는 위대한 왕이 되었지만 결국 간음하듯 이방신을 섬기던 왕국은 둘로 갈라지고 말았다.

일천여 년 후, 다윗의 뿌리에서 생육신한 성자(聖者) 예수는 인간과 하나님과의 관계 회복을 위해 공생애 3년을 진리와 의에 대하여 증거하며 복음을 전한 구세주셨다.

베드로통곡교회

'빵 굽는 마을' 지극히 평화로운 이름의 베들레헴에 새아침이 번지고 있었다.

데모대들이 던지고 간 돌멩이들로 너저분한 골목길 어귀에 장갑차가 그림자처럼 드러났다. 서로 부축이라도 하듯 기대어 선 우중충한 건물들이 저마다 지붕 위에 시꺼먼 물 저장탱크를 서너 개씩 이고 힘겹게 느즈러진 모습도 보였다. 정착촌에선 빗물로 빵을 굽고 마시는 식수도 되는데 맞은편 골짜기의 유태인 주택가는 물로 깨끗하게 닦은 유리창에 찬란한 아침 햇살이 눈물 나게 반사되고 있었다.

거슬러 올라가면 다 한 아버지의 자손들인데, 더 아득히 추슬러 오르면 모두가 하나인데 우리는 왜 서로 빼앗고 죽이며 싸우는 증오의 삶을 살아야 하는지 깊은 생각에 잠겼다. 장장 40여 분간, 이제는 소리의 경계마저 잊어버린 내 귀에 선명한 소리가 들려왔다.

'오늘 닭 울기 전에 네가 세 번 나를 모른다고 부인하리라' 저 요란스러운 울음소리를 3배로 곱한다면… 나는 소스라치며 깨달았다. '일흔 번씩 일곱 번이라도 용서하라'는 사랑은 익히지 못하고 도리어 주를 모른다고 부인한 나의 삶은 셀 수나 있을까?

베들레헴의 닭 울음소리는 '사람은 떡으로만 살 것이 아니요 하나님의 입에서 나오는 진리의 말씀으로 살 것이니라' 계속해서 울려주고 있었다.

보고 들은 것

'거기 뭐 볼 것 있어요?'

깜깜한 밤. 불려갈듯 거센 바람과 싸우며 있는 힘을 다해 오른 1천여 미터 험준한 시내산이 그렇게 힘들여 올라가 볼 만한 곳은 아니었다는 불만이 깔려 있었다.

'거기'와 '볼 것' 들을 되짚으며 두 번이나 참여한 지난 여행에 대해 잠시 생각에 잠겼다. 특히 예수님의 탄생과 생애의 기록장인 베들레헴과 예루살렘, 갈릴리와 가버나움 지역을 다니면서 내가 본 것은 무엇이었는지? 사전에는 '보다'(See)의 뜻풀이에 인정하다, 발견하다, 깨닫다, 알다, 살펴보다, 조사하다, 생각해보다, 상상하다, 만나다, 마음을 쓰다 등 단순한 시각적 행위만이 아님을 알게 해 준다.

예루살렘 구시(舊市) 통곡의 벽에서 황금사원을 코앞에 두고 아직도 예루살렘 탈환과 메시아의 도래를 눈물로 호소하는 유태교인들은 등 뒤 감란산 위의 예수는 모른 체 하였다. 모세, 엘리야, 아브라함과 함께 마호메트가 성자의 자리를 차

빌라도의 법정과 예수

오병이어교회

지하고 있는 황금사원은 이젠 외인에게는 들여다 볼 기회조차 주지 않고 도도하게 앉아 있었다.

이름이 말해주듯 물고기 두 마리와 떡 다섯 덩이의 오병이어교회, 물이 술로 변한 가나의 잔치교회, 천사의 마리아 수태고지교회, 내 양을 먹이라 하신 베드로수위권교회, 닭 울기 전에 예수를 세 번 부인한 베드로통곡교회, 팔각형으로 지은 팔복강해교회, 유리창으로 예루살렘 전 시가 한눈에 바라보이는 눈물교회, 사람을 낚는 어부로 부르신 제자들과 수 없이 오르내리신 갈릴리 호수 등 시간을 쪼개가며 방문하였었다. 겟세마네교회(만국교회)에는 땀을 핏방울 같이 흘리며 기도하신 바위가 우리의 무릎을 접게 하고 세계 80개국 언어로 기록한

팔복교회

갈릴리호수 선상 성찬식

주기도문교회에서 한글 주기도문을 만났을 땐 천국에서 한인 마을을 만나기라도 한듯 반갑고 감격스러웠다.

성지순례는 관광여행이 아니며 그렇다고 수도자의 엄숙한 구도의 길도 아니다. 눈물방울이 똑 떨어진 자리, 발자국이 꾹꾹 찍힌 거리를 찾아다니기보다는 그때의 사건의 현장 속으로 묻혀 보는 모든 경험이 그 본뜻이리라 생각해 본다. 실제로 우리가 답사한 곳은 성경의 사건들을 기념하는 기념 교회, 혹은 기념물과 장소가 대부분이었다.

오직 성경만으로 구원을 충족시켜주는 믿음의 기준을 역사적 지리적 개념으로만 돌리려는 숨은 의도가 있다는 부정적 견해들은 여기에 기인한 바가 클 것이다.

그러나 무릎 꿇고, 교회문턱을 넘나드는 사이 어느새 점점 엄숙한 열기에 젖어들고 안개가 걷히듯 시야가 선명해지는 자신을 발견하게 되었다. 십자가를 지고 가신 고난의 길을 따라 갈보리산 정상에서 빈 십자가와 텅 빈 무덤을 발견하였을 때 단지 그 시대의 흔적이 나를 압도하는 힘이 막강함을 이상하게 여겼었다.

아침 신문에 하버드대의 양자물리학자 하워드 조기(Howard Georgi) 교수가 파장 없이 떠도는 에너지를 발견하였다는 연구 소식은 나의 눈과 귀를 번쩍 뜨게 하였다. 원자가 만들지 않은 이 제3의 에너지가 영의 세계와 무관하지 않을 것이며 최소한 금세기 말에는 과학이 우리의 실체가 영이란 사실을 발견하게 될 것이라고 예측하였다.

성지순례는 바로 이 영의 에너지를 만나 숨 쉬며 가슴에 담아오는 여행이라 생각되었다. 성령은 십자가나 무덤 속에 있지 않고 온 우주에 충만하다는 확증은 은혜이리라.

통곡의 벽

예루살렘에 뿌려진 눈물들을 떠올린다. 시간적으로 차례를 세운다면 제일 처음 애통의 눈물을 흘리는 분을 만나게 된다. 가장 짧은 성구라고 이름 붙은 구절은 '가까이 오사 성을 보고 우시며' (눅19:41)이다.

감란 산에 세워진 '눈물교회'는 넓은 유리창으로 골짜기 밑 예루살렘시가 환히 내다보인다. 예수님이 흘리신 눈물을 담은 하얀 자기눈물 병이 지붕 네 귀퉁이에 얹혀 함께 내려다본다.

눈물교회 지붕 위 네 귀퉁이의 눈물병

평화의 도시라는 뜻의 예루살렘은 이집트 요르단 시리아와 계속적으로 반복되는 전쟁을 치르며 부서졌다 재건되기를 거듭하고 지금은 팔레스타인과의 분쟁으로 도시 곳곳에 장벽과 철조망으로 가르고 대치하느라 늘 비상사태다. 십 퍼센트도 못 되는 기독교인들이 유대교, 이슬람교, 아르메니아와 심지어 바하이까지 잡다한 종파에 섞여 있다. '너도 오늘날 평화에 관한 일을 알았더면 좋을 뻔 하였거니와…(눅19:42) 2000여 년 전에 오늘을 예견한 구세주의 가슴 찢기는 아픔의 눈물이다. 끝까지 곁에 따라다니던 그의 수제자 베드로도 평화의 참 뜻을 깨닫지 못하고 열정으로 덤비려다 닭 울음소리에 무너져 내렸다. '밖에 나가서 심히 통곡 하니라' (눅 22:62) 그는 돌아보시는 주의 눈빛에서 훈계와 질책과 긍휼과 위로의 확신으로 새롭게 태어나게 되었다.

베드로 닭 울음교회(베드로 통곡교회)는 지붕꼭대기 십자가 위에 홰를 치는 하얀 철제 장 닭이 올라앉아 있다. 정문 앞 조각상에는 대제사장의 뜰에서 세 번 예수를 모른다고 부정하는 장면들이 차례로 묘사되어 있다. 죽는 자리에까지 가겠다던 모든 제자들은 뿔뿔이 헤어졌다. 고난의 길을 힘겹게 오르던 주님이 두 번째 쓸어 졌을 때 구레네 사람 시몬에게 십자가를 대신지고 따르라 명령한다. 백성과 및 그를 위하여 가슴

통곡의 벽 전경

통곡의 벽 돌틈에 낀 기도문

을 치며 슬피 우는 여자의 큰 무리가 따라오는 것을 보신 주님은 '예루살렘 딸들아 나를 위하여 울지 말고 너희와 너희 자녀를 위하여 울라'(눅 23:28)고 하셨다.

십자가가 세워졌던 갈보리 산 아래 허물어진 솔로몬성전의 서북쪽 벽이 통곡의 벽이다. 이슬람교의 황금 돔 모스크를 눈앞에 두고 성전이 파괴되고 나라를 잃은 슬픔을 눈물로 쏟아내고, 검은 옷에 검은 모자나 수건을 쓴 유대인들은 아직도 메시야의 강림을 고대하며 토라를 외우고 있다. 그런가하면 세계 각국에서 온 방문자들은 벽 틈마다 기도쪽지를 비벼 넣으며 가슴 깊은 기원을 눈물로 토해내기도 한다.

통곡의 벽은 유대인들에게는 약속의 땅인 '이스라엘'의 상징이고 아랍인들에게는 이슬람성지이다. 제2차 세계대전 후 예루살렘이 이스라엘과 요르단으로 분할되면서 요르단에 속하였다가 1967년 6일 전쟁에서 예루살렘 구시가지 점령으로 탈환되었다. 성전의 서쪽 벽은 총길이가 545m에 달했으나 정복자들에 의해 겨우 60m정도만 남았다. 성벽의 7단까지는 헤롯시대에, 그 위 4단은 로마시대, 그 위는 오토만 터키시대에 쌓은 벽돌이라 한다. 성벽 아래 땅 밑에도 17개의 벽돌 단이 더 있고 터널로 뚫린 지하도가 통곡의 벽까지 이어 있다. 하니까 벽을 사이에 두고 두 나라가 갈라진 상황이니 분쟁과 적

예루살렘 팔레스타인 성벽

대감이 끊일 새가 없다.

1990년 성지순례 때 황금 돔 모스크 안에 들어가 볼 기회가 있었다. 안에는 아브라함이 이삭을 바치려던 넓은 바위가 있고, 바위 중간에 직경 20cm정도의 구멍으로 마호메트가 말을 타고 승천하였다 한다. 바위 바로 아래는 기도실로 네 귀퉁이에 아브라함, 모세, 엘리야, 마호메트를 경배하는 제단이 있다.

이른 새벽 빵 굽는 마을에 닭 울음소리가 요란하게 울려 퍼지면 심히 통곡하는 베드로의 눈물비가 쏟아지고 안타까워 몸부림치시는 주님의 피눈물이 소리 없이 흐르는 듯하다.

통곡의 벽에 이마를 찧으며 절규하는 율법사들, 아직도 참 평화를 깨닫지 못하는 어리석은 자들에게 '너와 네 자녀를 위하여 울라' 말씀하실 것이다.

손정숙 신앙수필집

정오의 그림자

1쇄 인쇄/ 2014년 10월 20일
1쇄 발행/ 2014년 10월 30일

지은이/ 손정숙
펴낸이/ 김주안
펴낸곳/ 도서출판 진실한 사람들
주소/ 서울특별시 종로구 삼일대로 457 수운회관 713호
Tel/ 02-730-3046~7
Fax/ 02-730-3048
E-mail/ munvi22@hanmail.net
http://cafe.daum.net/VisionLiteraryArts
등록번호/ 제300-2003-210호
ISBN/ 978-89-91905-61-0

값 12,000원